Translation Around the World

TRADUCCION ALREDEDOR DEL MUNDO

ENGLISH AND SPANISH METHOD

BOOK 1

LESSON 1 TO 20

VENTURA BENITEZ

Artist
Kelly Barrow

authorHOUSE®

AuthorHouse™
1663 Liberty Drive
Bloomington, IN 47403
www.authorhouse.com
Phone: 1 (800) 839-8640

Published by AuthorHouse   07/17/2015

ISBN: 978-1-4969-7015-2 (sc)
ISBN: 978-1-4969-7079-4 (e)

Print information available on the last page.

Any people depicted in stock imagery provided by Thinkstock are models, and such images are being used for illustrative purposes only. Certain stock imagery © Thinkstock.

This book is printed on acid-free paper.

Because of the dynamic nature of the Internet, any web addresses or links contained in this book may have changed since publication and may no longer be valid. The views expressed in this work are solely those of the author and do not necessarily reflect the views of the publisher, and the publisher hereby disclaims any responsibility for them.

Translation around the world Spanish-English course is a completely new method designed to resolved the needs of Spanish and English speakers in a time of ever expanding communication among Spanish speaking countries and English speaking nations. It is intended for language learners, teacher, tour guides, translator, tourists, office workrs, business people, or anyone who needs to communicate in the Spanish and English languages as they are spoken and written in the Americas. This new Method provides accurate and up-to-date coverage of current vocabulary in both languages, as well as abundant examples of words and frases used in context to illustrate idiomatic usage. The selection of Spanish and English words was based on my 15 years of experience teaching different languages in the United States of America and in Latin America.

Translation around the world is an opportunity to learn Enlgis or Spanish in all its areas. It is the first Method that teaches how to write, read, speak, and how to translate it simultaneously. This Method is divided in ten lessons in English and in Spanish. The Grammar is also translated into both languages in order to be learned in a very easy way in your own hous

CONTENTS

CHAPTER ONE
Lección uno

LISTEN AND OBSERVE
(ESCUCHAR Y OBSERVAR)

Introductions (Presentaciones

His name is Ventura
Hello, my name is Ventura.
I am from Santo Domingo.
I am a businessman.

That woman is Sheen Bez.
Hello, my name is Sheen.
I am from Loveland, Colorado.
I am a business women too.

Este hombre es Ventura
Hola, mi nombre es Ventura.
Soy de Santo Domingo.
Soy un hombre de negocio.

Esa mujer es Sheen Bez.
Hola, mi nombre es Shaeen.
Soy de Loveland, Colorado.
Soy una mujer de negocio también.

Development 1

This is Santo Domingo.
Santo Domingo is in the
Dominican Republic.
Ventura is from Dominican
Republic.

This is Loveland, Colorado.
Loveland is in the United States.

Sheen is from the United States.

Este es Santo Domingo.
Santo Domingo está en la R.D.

Ventura es de la República
Dominicana.

Este es Loveland, Colorado.
Loveland está en los Estados
Unidos.
Sheen es de los Estados Unidos.

Development 2

This is Denver, Colorado.
Denver is in the United States.
Peter is from the United States.

This is Estes Park, Colorado.
Estes Park is in the United States.
Elizabeth is from the United States.

Este es Denver, Colorado.
Denver está en los Estados Unidos.

Peter es de los Estados Unidos.

Este es Easter Park, Colorado.
Easter Park está en los Estados
Unidos.
Elizabeth es de los Estados Unido

Questions Preguntas	**Answers** Respuestas
Who is this man? Where is he from? What is his occupation?	This man is Ventura Benitez. He is from Dominican Republic. He is a business man.
¿Quién es ese hombre? ¿ De dònde es él ? ¿ Cuál es su ocupaciòn ?	Este hombre es Ventura Benitez. Él es de la República Dominicana. Él es un hombre de negocio.
Who is that woman? Where is she from? What is her occupation?	That woman is Sheen Ben. She is from Loveland, Colorado. She is a business woman.
They are Sheen and Ventura They are business people.	Ellos son Sheen and Ventura. Ellos son gente de negocio.
Who are they? What are they? Where are they from?	They are Sheen and Vitura. They are business people. Sheen is from the United States and Ventura is from D. R.
¿Quiénes son ellos? ¿Qué son ellos? ¿De dònde son ellos?	Ellos son Sheen y Ventura. Son gente de negocio. Sheen es de los Estados Unidos y Ventura es de la R. D.

Vocabulary

am = soy o estoy
are = eres, estás, somos, estamos,
    son, están
businessman = hombre de negocio
business people = gente de negocio
businesswoman = mujer de negocio

hurricane = huracán, ciclón
hut = choza

I = yo
is = es o está
man = hombre

camper = campista

fast = rápido

fine = bien

from = de (procedencia)

girl = niña, chica

good = bueno

gulf = golfo

he = él

hello = hola

her = su (de ella)

mice = ratones

nationality = nacionalidad

secretary = secretaria

selfish = egoísta

she = ella

that = ese, esa, eso,

they = ellos

what = qué

where = dónde

who = quién

This is Nebraska.

Nebraska is in the United States.

Johnny is from the United States.

This is Estes Park.

Estes Park is in Colorado.

Peter is from Colorado.

Este es Nebraska.

Nebraska está en los Estados Unidos.

Johnny es de los Estados Unidos.

Este es Estes Park.

Estes Park está en Colorado.

Peter es de Colorado

LISTEN AND OBSERVE
(ESCUCHAR Y OBSERVAR)

Questions	Answers
Preguntas	Respuestas

Is picture one Loveland?

Is picture two Estes Park?

Is picture three Dominican Republic?

What is picture four?

What is picture five?

Yes, picture one is Loveland.

Yes, picture two is Estes Park.

Yes, picture three is Dominican Republic.

Picture four is Nebraska.

Picture five is Denver.

¿Es el cuadro uno Loveland?

¿Es el cuadro dos Estes Park?

Si, el cuadro uno es Loveland.

Si, el cuadro dos es Estes Park.

¿Es el cuadro tres la Republica Dominicana?

Si, el cuadro tres es la Republica Dominicana.

¿Qué es el cuadro cuatro?

El cuadro cuatro es Nebraska.

¿Qué es el cuadro cinco?

El cuadro cinco es Denver.

Where is Sheen from?

She is from Loveland, Colorado.

Where is Ventura from?

He is from the Dominican Republic.

Where is Peter from?

Peter is from Loveland, Colorado.

Where are Sheen and Ventura from?

She is from Loveland, and he is from D.R.

Where is Margaret from?

She is from Loveland, Colorado.

¿De dónde es Sheen?

Ella es de Loveland, Colorado.

¿De dónde es Ventura?

Él es de la Republica Dominicana.

¿De dónde es Peter?

Él es de Loveland, Colorado.

¿De dónde son Sheen y Ventura?

Ella es de Loveland y él es de la R.D.

¿De dónde es Margaret?

Ella es de Loveland, Colorado.

Sheen and Ventura are business people.

Jennifer is a good secretary.

Ventura is 28 years old.

She is 28 years old.

Sheen is 27 years old.

Sheen y Ventura son empresarios.

Jennifer is una buena secretaria.

Ventura tiene 28 años.

Ella tiene 28 años.

Sheen tiene 27 años.

Grammar (gramática)

The verb 'to be' ser o estar

Es el único verbo que en presente es irregular, y es el único que se conjuga con todos los verbos en todo tiempo. 'Is' es o está, sus formas negativas son '**isn't**' lo cual es la forma abreviado o '**is not**'. **Are** son o están, sus negativos son '**aren't**' forma abreviado o '**are not**'

I am	soy o estoy	you
You are	eres o estás	we = are son, están, somos, estamos
		they
He		
She = is es o está		
It		

Listen and observe
(Escuchar y observar)

Is she a secretary?	Yes, she is a secretary.
Is your father a mechanic?	No, my father isn't a mechanic.
Are they good friends?	Yes, they are good friends.
Are you at the school?	No, I am not at the school.
Where is your sister?	She is at the supermarket.
Is your brother at the university?	Yes, he is at the university.
Are your friends at the university?	No, my friends aren't at the university.
What profession is your mother?	My mother is a doctor.
What profession are you?	I am a businessman.
Who is your sister?	My sister is Margaret.
Who is your boss?	My boss is Don Aramis Benitez.
What profession is your boss?	My boss is an engineer.
What is your profession?	I am an expert in languages.
What is your occupation in that company?	I am a translator.
Are you a doctor?	No, I'm not a doctor.
Is your mother a nurse?	Yes, my mother is a nurse.
Is your brother a policeman?	No, my brother is not a policeman.
Where are your books?	My books are in the bookcase.
Is your house in the center of town?	Yes, my house in the center of town.
What is your house number?	My house number is 17.

What is your telephone number?	My telephone number is (809) 288-3734.
What is your name?	My name is Jeifer Benitez.
What's your brother's name?	My brother's name is David Andrew Benitez.
What's your school name?	My school name is CentI International.
What's her mother's name?	Her mother's name is Jennifer Brights.
What are your children's names?	My children's names are Jeifer and David.
What are your brothers' names?	My brothers' names are Pepe and John.
Is your teacher Mr. Ventura?	No, he isn't my teacher.
Is your daughter at school?	Yes, my daughter is at school.
Where is your university?	My university is in Loveland, Colorado.
Is your university small?	No, my university isn't small.
What is your university name?	My university name is Saint Paul.

¿Es ella una secretaria?	Sí, ella es una secretaria.
¿Es tu padre un mecánico?	No, mi padre no es un mecánico.
¿Son ellos buenos amigos?	Sí, ellos son buenos amigos.
¿Estás tú en la escuela?	No, yo no estoy en la escuela.
¿Dónde está tu hermana?	Ella está en el súper mercado
¿Está tu hermano en la universidad?	Sí, él está en la universidad.
¿Están tus amigos en la universidad?	No, mis amigos no están en la universidad.
¿Qué es tu madre?	Mi madre es un doctora.
¿Qué eres tú?	Yo soy un hombre de negocio.
¿Quién es tu hermana?	Mi hermana es margaret.
¿Quién es tu jefe?	Mi jefe es Aramis Benitez.
¿Qué es tu jefe?	Mi jefe es ingeniero.
¿Cuál es tu profesión?	Soy un experto en idiomas.
¿Cuál es tu ocupación en esa compañía?	Soy un traductor.

¿Es usted un doctor?	No, yo no soy un doctor.
¿Es tu madre una enfermera?	Sí, mi madre es enfermara.
¿Es tu hermano un policía?	No, mi hermano no es un policía.
¿Dónde están tus libros?	Mis libros están en la estantería.
¿Está tu casa en el centro de la ciudad?	Sí, mi casa está en el centro de la ciudad.
¿Cuál es el numero de tu casa?	El numero de mi casa es 17.
¿Cuál es tu numero de teléfono?	Mi numero de teléfono es (809) 288 3734.
¿Cuál es tu nombre?	Mi nombre es Jeifer Benitez.
¿Cuál es el nombre de tu hermano?	El nombre de mi hermano es David andrew B.
¿Cuál es el nombre de su escuela?	El nombre de mi escuela es CentI International.
¿Cuál es el nombre de su madre?	El nombre de su madre es Paula.
¿Cuales son los nombres de tus niños?	Los nombres de mis hijos son Jeifer, y David.
¿Cuales son los nombres de tus hermanos?	Los nombres de mis hermanos son Pepe, y J.
¿Es tu profesor Don Ventura?	No, él no es mi profesor.
¿Está tu hija en la escuela?	Sí, mi hija está en la escuela.
¿Dónde está tu universidad?	Mi universidad está en Loveland, Colorado.
¿Es tu universidad pequeña?	No, mi universidad no es pequeña.
¿Cuál es el nombre de tu universidad?	El nombre de mi universidad es San Pablo.

Grammar
(gramática)

How old? Cuantos años?

La edad o los años se expresa en inglés utilizando el verbo to be:

How old is Katy?	Katy is 26 years old.
How old are they?	They are 35 years old.

8

How old are you?	I am 27 years old.
How old am I?	You are 45 years old.
How old is Pepe?	He is 15 years old.

¿Cuantos años tiene Katy?	Katy tiene 26 años.
¿Cuantos años tienen ellos?	Ellos tienen 35 años.
¿Cuantos años tienes tú?	Yo tengo 27 años.
¿Cuantos años tengo?	Tú tienes 45 años.
¿Cuantos años tiene Pepe?	Pepe tiene 15 años.

Number (números 1- 50)

1 = one	7 = seven	13 = thirteen	19 = nineteen
2 = two	8 = eight	14 = fourteen	20 = twenty
3 = three	9 = nine	15 = fifteen	21 = twenty one
4 = four	10 = ten	16 = sixteen	30 = thirty
5 = five	11 = eleven	17 = seventeen	40 = forty
6 = six	12 = twelve	18 = eighteen	50 = fifty

Greetings (Saludos)

Good morning	Buenos días	How are you?	¿Cómo estás?
Good afternoon	Buenas tardes	How do you feel?	¿Cómo se siente?
Good evening	Buenas noches	Nice to meet you.	Gusto en conocerle
Good night	Pase buena noche	Pleased to meet you.	Es un placer conocerle

Grammar (gramática)

A, an = un, uno, una
El artículo indefinido es "**a**" delante de una
consonante "**an**" delante de una vocal.

A detective	Un detective	An apple	Una manzana
A man	Un hombre	An accident	Un accidente

A teacher	Un profesor	An artist	Un artista
A student	Un estudiante	An office	Una oficina
A policewoman	Una mujer policía	An agency	Una agencia

The alphabet

Capital letters:

A (ei) B (bi) C (si) D (di) E (i) F (ef) G (yi) H (eich) I (ai) J (yei) K (kei) L (el) M (em) N (en) O (ou) P (pi) Q (quiu) R (a:) S (es) T (ti) U (iu) V (vi) W (dabliu) X (exs) Y (uai) Z (zi)

Small letters:

a b c d e f g h i j k l m n o p q r s t u v w y z

spell these names

Jefferson

Washington

Kincaid

Dominican Republic

Shannon

Hawaii

Aramis

translation

New York

around the world

CHAPTER TWO
Lección dos

Description of things
(descripción de cosas)

What is your house like?

What is Ventura's house like?

¿Cómo es la casa de Ventura?

This is my house.	Está es mi casa.
It is a big house.	Es una casa grande.
It's blue and white.	Es Azul y Blanca.
My house is beautiful.	Mi casa es bonita
My house is very clean.	Mi casa es muy limpia
What's Kathy like?	Kathy es muy inteligente
She's a blond woman.	Ella es una mujer rubia.
She is small and thin	Ella es pequeña y delgada.
Her hair is blond.	Su pelo es rubio.
Her eyes are blue.	Sus ojos son Azules.
She is a nice woman.	Ella es una mujer agradable.
What's your car like?	¿Como es su carro?
My car is red.	My carro es rojo.
It's a four doors car.	Es un carro de cuatro puertas.
It's a clean car.	Es un carro limpio.
It's a leather seats car.	Es un carro con asiento de piel.

What is Denver like?	¿Cómo es Denver?
Denver is an attractive city.	Denver es una ciudad atractiva.
Denver is very big and famous.	Denver es muy grande y famosa
It's a clean city.	Es una ciudad limpia.
It is a very important city in the world.	Es muy importante para el mundo.
Denver is near Nebraska.	Denver está cerca de Nebraska.
Denver is the capital of Colorado.	Denver es la capital de Colorado.

What's Jennifer like?	¿Cómo es Jennifer?
Jennifer is a clever woman.	Cally es una mujer lista.
She is a computer programmer.	Ella es programadora de computadora.
She is tall and strong.	Ella es alta y fuerte.
She is white.	Su color es Blanco.
Her eyes are green.	Sus ojos son Verdes.
Her hair is long and blond.	Su pelo es largo y rubio.
She is a hard working woman.	Ella es una mujer trabajadora.

What is Paul like?	¿Cómo es Pablo?
He is tall and strong.	Él es alto y fuerte.
He is blond.	Él es rubio.
He is a teacher at the university.	Él es un profesor en la universidad.
He is an intelligent man.	Él es un hombre inteligente.
His eyes are blue	Sus ojos son Azules.
His hair is white.	Su pelo es Blanco.
He's a very good friend.	Él es un buen amigo.

Vocabulary

and	y	young	joven
black	negro	tall	alto
blond	rubio	beautiful	bonita, hermosa
blue	azul	teacher	profesor
clever	listo	friend	amigo
big	grande	intelligent	inteligente

hard worker	trabajador	white	blanco
eyes	ojos	green	verde
good	bueno	computer	computadora
hair	pelo	programmer	programador
like	como	to clean	limpiar
old	viejo	capital	capital, mayúscula
important	importante	city	ciudad
famous	famoso	near	cerca
world	mundo	Nebraska	Nebraska
for	por, para, durante	of	de
attractive	atractivo	house	casa
small	pequeño	thin	delgado

Listen and observe (ESCUCHAR Y OBSERVAR)

DESCRIBING PEOPLE AND THINGS
(DESCRIBIENDO PERSONAS Y COSAS)

Our names are Paul and Jennifer.	Nuestros nombres son Paul y Yenifer.
We are husband and wife.	Nosotros somos esposo y esposa.
We are tall and strong.	Nosotros somos altos y fuertes
We are from North America.	Nosotros somos de Norte América.
Our family is small.	Nuestra familia es pequeña.
We are a happy family.	Nosotros somos una familia feliz
Our children are Daisy and Sheen.	Nuestras hijas son Daisy y Sheen.
Daisy is tall and Shannon is short.	Daisy es alta y Shannon es pequeña.
They are good sisters.	Ellas son buenas hermanas.
Their eyes are blue.	Sus hijos son azules.
Daisy is 30 years old.	Daisy tiene 30 años.
Shannon is 27 years old.	Shannon tiene 27 años.
They are good daughters.	Ellas son buenas hijas.

That is our school.	Éstra es nuestra escuela.
It is a famous school.	Es una escuela famosa.
Our school is in Loveland.	Nuestra escuela está en LoveLand.
It is far from our house.	Está lejos de nuestra casa.
It's a large and good school.	Es una escuela grande y buena.
This is Jamaica.	Ésta es Jamaica.
Jamaica is a beautiful island.	Jamaica es una isla hermosa.
It's in Central America.	Está en centro America.
It's a small island.	Es una isla pequeña.
It's a tourist island.	Es una isla turistica.
This is a car.	Este es un carro.
It's a large car.	Es un carro grande.
It is gray.	Es gris.
It's an American car.	Es un carro Americano.
It is a comfortable car.	Es un carro confortable.

DEMOSTRATIVES ADJECTIVES
ADJETIVOS DEMOSTRATIVOS

Señalan o muestran personas, animales o cosas de la cual se habla.

Singular		**Plural**	
This	Este, esta, esto.	These	Estos, estas.
That	Ese, esa, eso.	Those	Esos, esas.

This o su plural these se emplean para personas, animales o cosas que están cerca.

That o those para personas, animales o cosas distantes de la persona que habla.

LISTEN AND OBSERVE
(ESCUCHAR Y OBSERVAR)

Vocabulary

chair	silla	near	cerca
computer	computadora	in front of	delante de
desk	escritorio	behind	detrás de
book	libro	far from	lejos de
armchair	butaca	close to	cerca de
greenboard	pizarra	open	abierto
speaker	bocina	closed	cerrado
lamp	lámpara	corner	rincón, esquina
video	video	back	parte de atrás
remote control	control de televisión	on	sobre

Singular

Plural

this chair	esta silla	these chairs	estas sillas
that book	ese libro	those books	esos libros
that computer	esa computadora	those computers	esas computadoras
that house	esa casa	those houses	esas casas
this control	este control	these controls	estos controles
that speaker	esa bocina	those speakers	esas bocinas
this video	ese video	these videos	esos videos
that desk	esa mesa	those desks	esas mesas
this lamp	esta lámpara	these lamps	estas lámparas
that telephone	ese teléfono	those telephones	estos teléfonos

Ventura:

This is my school.	Esta es mi escuela
The television is in front of the armchair.	La televisión está frente a la silla.
The desk is in front of the door.	El escritorio está frente a la puerta.

The greenboard is behind the teacher.

La pizarra está detrás del profesor.

The books are on the desk.

Los libros están sobre el escritorio.

The telephone is on the speaker.

El teléfono está sobre la bocina.

The lamp is far from the speaker.

La lámpara está lejos de la bocina.

The door is closed.

La puerta está cerrada.

The armchairs are close to the desk.

Las butacas están cerca del escritorio.

My chair is near the computer.

Mi silla está cerca de la computadora.

The speaker is in the corner.

La bocina está en el rincón

My chair is behind the desk.

Mi silla está detrás del escritorio.

CHAPTER THREE
Lección tres

I always visit the park in the morning. It is a big and beautiful park. I study and relax together with my friends. The people visit this park because it's beautiful and they can rest with their family. I always clean the park and every year we paint the seats where we sit each morning to study. The school where I study English is in front of the park. The teacher watches the students through the window. My father is a policeman and together with other police he protects the students.

Yo siempre visito el parque en la mañana. Este es un parque grande y bonito. Yo estudio y descanso juntos con mis amigos. La gente visita este parque porque es fresco y allí ellos descansan con su familia. Yo siempre limpio el parque y cada año juntos nosotros pintamos los asientos donde nosotros nos sentamos cada mañana para estudiar la clase. La escuela donde yo estudio Inglés queda frente al parque y el profesor observa los estudiantes por la ventana. Mi padre es policía y él juntos con los policías protegen los estudiantes.

A BEAUTIFUL PARK

This is Centii's park.	Este es el parque de CentII
The students relax in the park.	Los estudiantes descansan en el parque
In the park there are 50 seats.	En el parque hay 50 asientos
We study and relax in the park.	Nosotros estudiamos en el parque
It's in front of the police station.	Esta en frente de la policía
The police protect the students in the park.	La policía protege a los estudiantes en el parque
It's a nice park.	Este es un parque bonito.
My family visits the park on Sundays.	Mi familia visita el parque los Domingos.
Many people visit the park.	Mucha gente visita el parque.

The students and the police clean the park.	Los estudiantes y la policía limpian el parque.
It is a big and beautiful park.	Este es un parque grande y bonito.
It is very green.	Es verde.
There are many different trees.	Hay muchos diferentes árboles.
CentII is in front of the park.	CentII está frente al parque.
It's in the center of town.	Este está en el centro de la ciudad.
In the park, there is a statue.	En le parque hay una estatua.
This is my favorite park.	Este es mi parque favorito.
CenII paints the park seats every year.	CentII pinta el parque todos los años.
The children play in the park.	Los niños juegan en le parque.
There are many different flowers.	Hay muchas flores diferentes.
The students water the flowers.	Los estudiantes riegan las flores.
I visit the park in the morning.	Yo visito el parque en la mañana.

Vocabulary

beautiful	bonito	big	grande
park	parque	different	diferente
to rest	descansar	to clean	limpiar
seat	asiento	tree	árbol
there are	hay (lural)	of	de
there is	hay (singular	center	centro
to study	estudiar	town	ciudad
police	policía	statue	estatua
to protect	proteger	favorite	favorito
student	estudiante	to paint	pintar
to visit	visitar	every	cada, toda
nice	agradable	year	año
family	familia	children	niños
morning	mañana (temprano)	flower	flores
many	muchos, muchas	water	agua
together	juntos	to water	regar, echar agua

Grammar (gramática)

There is, there are = hay
There is se emplea para el singular persona, animal o cosa
There are es para el plural

Singular		plural	
There is a table.	Hay una mesa	There are two tables.	Hay 2 mesas
There is a man.	Hay un hombre	There are four men.	Hay 4 hombres
There is a flower.	Hay una flor	There are three flowers.	Hay 3 flores
There is a book.	Hay un libro	There are eight books.	Hay 8 libros

QUESTIONS	ANSWERS
Preguntas	Respuestas
How many trees are there in the park?	There are 54 trees in the park.
How many students are there in the school?	There are 89 students in the school.
Are there many books on the desk?	Yes, there are many books on the desk.
Is there a teacher watching through the window?	Yes, there is a teacher watching through the window.
How many teachers are there?	There are five teachers.
Is there police?	Yes, there are police.
How many controls are there on the desk?	There are two controls on the desk.
How many seats are there in the park?	There are 50 seats in the park.
What is on the speaker?	There is a telephone on the speaker.
Where is the television?	There is a television over the speaker.

Are there many children in your house?	Yes, there are many children in my house.
How many pesos are there in a bank?	There are 36 million pesos in the bank.
Are there many people in your country?	Yes, there are many people in my country.

¿Cuantos árboles hay en el parque?	Hay 54 árboles en el parque.
¿Cuantos estudiantes hay en la escuela?	Hay 89 estudiantes en al escuela.
¿Hay muchos libros sobre el escritorio?	Sí, hay muchos libros sobre la mesa.
¿Hay un profesor mirando por la ventana?	Sí, hay un profesor mirando por la ventana. Hay 50 asientos en el parque.
¿Cuantos asientos hay en el parque?	
¿Cuantos profesores hay?	hay 5 profesor
¿Hay un policía?	Sí, hay un policía.
¿Cuantos controles hay sobre el escritorio?	Hay dos controles sobre la mesa.
Qué hay sobre la bocina?	Hay un teléfono sobre la bocina.
¿Dónde hay una televisión?	Hay una televisión encima de la bocina.
¿Hay muchos niños en tu casa?	Sí, hay muchos niños en la casa.
¿Cuantos pesos hay en el banco?	Hay 36 millones de pesos en el banco.
¿Hay mucha gente en tu país?	Sí, hay mucha gente en mi campo.

MY HOUSE

In my house there is an air conditioner and one fan. There are two tables with four chairs where my parents eat lunch. In the kitchen there is one stove, one washing machine, one refrigerator, and one shelf. Our living room is very large. In the living room, there are two televisions and one VCR where my family and friends watch the news. In the house there are four people; my mother, father, my sister and me. There are two pets; a cat and a dog. The dog is named Simcha, and the cat is Minino.

TRY TO FIND THE WORDS

H	W	P	D	I	E	T	I	M	I	D	F
O	W	E	A	R	E	F	I	N	E	P	X
U	D	O	Y	O	U	W	O	R	K	F	J
S	W	P	D	E	E	P	D	R	E	A	M
E	P	L	H	O	S	K	I	C	K	A	A
I	C	E	A	S	Y	E	S	T	E	R	D
D	U	F	L	T	J	O	E	H	O	R	N
M	S	M	A	L	L	T	U	D	F	E	E
E	P	J	A	T	L	E	A	D	E	R	S
D	I	T	O	A	A	Y	L	W	O	L	S
P	O	S	S	I	B	L	E	C	O	O	K
F	I	D	E	O	L	F	A	G	E	C	R
X	P	V	L	E	E	L	A	N	G	H	N

How do yuo do?	Dream	Salt
We are fine	Small	Easy
House	Leader	Egg
Do you work?	Madness	Ago
People	Ink	Age
Day	Slowly	Horn
Diet	Cook	
Eyes	Fat	
Deep	Door	
Fork	Toes	
Red	Possible	
Spell	Ill	
Kick	Few	

LIST OF WORDS

how do you do?	¿cómo le estás?	small	pequeño
fine	bien, multa	leader	líder, guía
house	casa	madness	locura
do you work?	¿trabajas?	horn	corneta
people	gente	age	edad
day	día	ago	hace, de tiempo
diet	dieta	easy	fácil
eyes	ojos	seed	semilla
deep	profundo	few	pocos
fork	tenedor	ill	enfermo
red	rojo	possible	posible
spell	deletrear	toes	dedo del pie
kick	punta pie	door	puerta
read	leer	cook	cocinero
dream	sueño	slowly	lentamente

Imperative mode
(modo imperativo)

Este se forma utilizando el verbo en forma infinitiva sin "to".

Be a good person.	Sea una buena persona.
Come with her.	Venga con ella.
Give him that radio.	Dele ese radio.
Do this now.	Haga esto ahora.
Go to the kichen.	Valla a la cocina.
Let me see.	Permítame veer.
Come early tomorrow in the morning.	Venga mañana temprano en la mañana.
Send a telegram to Mary.	Envíe un telegrama a Mary.
Do your homework.	Haga su tarea.

CHAPTER FOUR
Lección cuatro

Michelle has to work four days a week. She works two jobs so she hasn't got much money in the bank. She's got a large house in town. She always drives to work because her jobs are so far from her house. Her parents have two cars and they have to drive the children to school. Michelle's husband doesn't make very much money so she has to help him with the economical situation.

Michelle tiene que trabajar cuatro días a la semana. Ella tiene dos empleos por eso ella tiene mucho dinero en el banco. Ella tiene una gran casa en la ciudad. Ella siempre va en carro a sus trabajos porque están lejos de su casa. Sus padres tienen dos carros, y tienen que llevar los niños a la escuela. El esposo de Michelle no tiene mucho dinero por eso ella tiene que ayudarlo en la situación económica.

Michelle's parents have two children. Their children have many friends in college. They've got to study five days a week. Their grandparents live in Nebraska. They've got a nice house there. They visit their grandparents every weekend.

Los padres de Michelle tienen dos niños sus niños tienen muchos amigos en el colegio. Ellos tienen que estudiar cinco días a la semana. Sus abuelos viven en Nebraska. Ellos tienen una hermosa casa allí. nosotros tenemos que visitarlos todos los fines de semanas.

Daisy = What have you got to do today?
Michelle = Well, I have to call my boss because I've got to visit the dentist todoy in the morning.
Daisy = How long will you be there?

Daisy = Qué tienes que hacer hoy?
Michelle = Bien yo tengo que llamar mi jefe porque tengo que ir al dentista hoy en la mañana.
Daisy = Por qué tiempo tienes que estar allí?

Michelle = I've got to stay there for 3 hours. He's going to drill two teeth, and later I've got to buy some aspirin, and pay the telephone bill too. I have got a very busy day.

Daisy = I have got to do many things. I've got to go shopping. I've got to buy vegetables, and buy some special natural products for my grandma. She has a cold and a fever.

Michelle = I am so sorry for your grandmother. You've got to take her to the doctor, don't you?

Daisy = Yes, we have a special doctor for her. The doctor is expensive but he comes to the house to take care of her. He is a very good person

Michelle = Tengo que permanecer por 3 horas. Él tiene que taladrarme dos muelas, y más tarde tengo Que comprar algunas aspirinas, y pagar la cuenta de Teléfono. Tengo un día muy ocupado

Daisy = tengo que hacer muchas cosas. Tengo que ir de compra, tengo que comprar vegetales, especialmente Algunos productos naturales para mi abuela. Ella tiene Catarro, y fiebre

Michelle = lo siento mucho por tu abuela. Tu tienes que llevarla al doctor. No es verdad?
Tengo que estudiar clase de Español para un examen mañana en la tarde. Y tú Daisy que tienes que hacer?

Daisy = si nosotros tenemos un doctor especial para ella le pagamos mucho dinero al doctor por eso él tiene que ir a la casa y cuidar de ella. Él es una buena persona

Vocabulary

Listen and observe (escuhar y observar)

have got	tener	surgery	cirugía
natural	natural	surgeon	cirujano
nurse	enfermera	operation	operación
bed	cama	ambulance	ambulancia
to drill	taladrar	helper	ayudante
tooth = teeth	diente = dientes	emergency	emergencia

hour	hora	emergent	emergente
aspirins	aspirinas	urgent	urgente
to go shopping	ir de compra	clinic	clínica
bill	cuenta, billete	emergency room	sala de emergencia
that's why	por eso	to take care of	cuidar a
a cold	un catarro	busy	ocupado
fever	fiebre	to hurt	herir
headache	dolor de cabeza	prescription	prescripción, receta
stomachache	dolor de estomago	date	fecha
pain	dolor	appointment	cita
lung	pulmón	to be in be	estar en cama
specialist	especialista	sick	enfermo

Development 1

Have you got to work tonight?

Yes, I have got to work tonight.

At what time have you got to work?

I've got to work at seven in the morning.

Has she got a beautiful house in the country?

No, she hasn't got a beautiful house in the country.

Has he got to study at the university?

Yes, he has got to study at the university.

What lesson has he got to study?

He's got to study medicine.

How long has he got to study there?

He has to study for two years.

What person has she got to call tonight?

She has got to call her mother.

Desarrollo 1

¿Tienes que trabajar esta noche?	Si, yo tengo que trabajar esta noche.
¿A qué hora tienes que trabajar?	Yo tengo que trabajar a la siete de la mañana.
¿Tiene elle una bonita casa en el campo?	No, ella no tiene una bonita casa.
¿Tiene él que estudiar en la universidad?	Si, él tiene que estudiar en la universidad.
¿Qué lección tiene él que estudiar/	Él tiene que estudiar medicina.
¿Por qué tiempo tiene él que estar estudiando allí?	Él tiene que estar allí por dos años.
¿Qué persona tiene ella que llamr esta noche?	Ella tiene que llamar a su madre.

"Question tag". ¿verdad?, ¿no es verdad?

Con el verbo have got o has got usamos la mismo forma para formar el Question tag. Si este está positivo el question tag va negativo y lo contrario.

Development 2

I have got a house in the country, haven't I?	Tengo una casa en el campo. ¿No es verdad?
Paul has got two children, hasn't he?	Paul tiene dos niños. ¿No es verdad?
They have got to clean the yard, haven't they?	Ellos tienen que limpiar el patio. ¿No es verdad?
She has got to call her mother, hasn't she?	Ella tiene que llamar a su madre. ¿No es verdad?
Jennifer and Daisy have got a car, haven't they?	Yenifer y Daisy tienen un carro. ¿No es verdad?
Andrew has got to attend the academy, hasn't he?	Andre tiene que asistir a la academia. ¿No es verdad?

Development 3

We haven't got much money, have we?	Nosotros no tenemos mucho dinero. ¿Verdad?
Daisy hasn't got to work tonight, has she?	Daisy no tiene que trabajar esta noche. ¿Verdad?
Andrew hasn't got many friends here, has he?	Andre no tiene muchos amigos aquí. ¿Verdad?
They haven't got an apartment, have they?	Ellos no tienen un apartamento. ¿Verdad?

Affirmative	Negative	Interrogative	Positive
abbreviations			
I have got	I have not got	Have I got?	I've got
You have got	You have not got	Have you got?	You've got
He has got	He has not got	Has he got?	He's got
She has got	She has not got	Has she got?	She's got
We have got	We have not got	Have we got?	We've got
They have got	They have not got	Have they got?	They've got

Negative abbreviations

I haven't got
You haven't got
He hasn't got
She hasn't got
We haven't got
They haven't got

I've got some friends in Miami	I haven't got any friends in Miami.
You've got to share my money with the poor.	You haven't got to share your money with the poor
He's got some oranges in the fridge.	He hasn't got any oranges in the fridge.

She's got to exercise in the morning.

I've got to work five days a week.

They've got to teach French at the university.

Mr. Paul has got to take a trip to Hawaii.

The Benitez's have got to go to a picnic today.

Mrs. Brights has got to take care me

She has got to read them some stories tonight.

The pilot has got to call the weather bureau.

I have got to go home early.

The children have got to go to bed early.

Mr. David has got to drive to his job.

I have got to invite Joe for dinner tonight

She hasn't got to exercise in the morning.

I haven't got to work five days a week.

They haven't got to teach French at the university.

Has he got to take a trip to hawwaii?

We have got to go out for a dinner

I have got to take care of you

They have got to read everyday

The pilot has got to flight tonight

You haven't got to go with me

They haven't got to story tonight

He has got to drive a bus

She has got to come with him

CHAPTER FIVE
Lección cinco

A normal day in Andrew's life

I always get up at 5:00 a.m. in the morning. I exercise for 45 minutes and then take a cold shower. After that, I switch on the television and watch the news while I eat my breakfast.

I eat mashed potatoes and drink a glass of milk?

At 6:00 a.m., I feed my cat and parrot. I don't drive to work in my car because it is very difficult to park close to my work. I ride the bus and in 25 minutes, I get there. I start work at 7:00 a.m. and I finish at 4:00 p.m. I work in a second floor in a big and famous building. I work for a computer design company. I don't work alone. Hundreds of people work with me. I am a supervisor. I have to check the quality and quantity of the products. At the end of the year, I receive a bonus check for $5,000 dollars plus food for a whole month. I really like this company. I earn $50,000 dollars every year.

I don't go home for lunch. The company pays for our food. We eat in an elegant Italian restaurant that is close to the company. I usually eat pasta and a beer together with my friends. When we come back to work we are relaxed and ready to work again. Our boss is a friendly man. He always chats with us and is always willing to listen to our problems.

When I get home, I rest for 15 minutes, and then take a hot bath, and eat a light dinner. I read the afternoon paper and watch a comedy film. On the weekend, I invite one or two friends to my house or go to the beach. I always spend time with friends.

My friends always invite me to go on a trip. This year I don't think we want to take a trip for our vacation. My friends say gas is too expensive, but I think the real reason is that they don't want to get lost again. I am always the navigator on our trips, and I think I am a good map reader. Sometimes, I lose my skills of map reading. It's not all my fault. I think there's a contradiction between the map and the street signs. I say to my friends, don't worry too much I am taking control of the situation.

Lección cinco

Un día normal en la vida de Andre

Siempre me levanto a las cinco de la mañana. Me ejercito por 45 minutos y tomo una ducha fría. Después de eso, enciendo la televisión y veo las noticias mientras me desayuno. Como un puré de papas y bebo un baso de leche.

A las seis a.m. alimento mis dos mascotas un gato, y un loro. No voy al trabajo en mi carro porque es difícil parquearse cerca de mi trabajo. Tomo un autobús y en 25 minutos llego allí. Comienzo a trabajar a las siete y termino a las cuatro de la tarde. Trabajo en un segundo piso de un gran y famoso edificio trabajo para una compañía diseñadora de computadora. No trabajo solo. Cientos de personas trabajan conmigo. Soy supervisor. Tengo que chequear la calidad y la cantidad de productos. Al final del año yo recibo un bono de 5000 dólares más todo el alimento por un mes. Realmente me gusta esta compañía. Yo gano de 5000 a 55000 dólares anual. Siempre paso tiempo con amigos.

No voy a casa a almorzar. La compañía paga por nuestro alimento. Comemos en un elegante restaurante Italiano que está cerca de la compañía. Siempre como pasta y una cerveza junto con mis amigos. Cuando regresamos a trabajar estamos relajados y listo para trabajar otra vez. Nuestro jefe es un hombre muy amistoso. Él siempre charla con nosotros y siempre está dispuesto a escuchar nuestros problemas.

Cuando yo llego a casa descanso unos 15 minutos y luego tomo un baño caliente, y como una cene ligera. Leo el periódico de la tarde y veo una película de comedia. En el fin de semana invito uno, o dos amigos a mi casa, o a la playa. Siempre paso tiempo con amigos.

Mis amigos siempre me invitan a un viaje pero, no pienso que queramos hacer un viaje este año en nuestras vacaciones. Mis amigos dicen que el gas está muy caro, pero yo pienso que la razón verdadera es que ellos no quieren perderse de nuevo. Siempre soy el guía en nuestros viajes, y creo que soy un buen lector de mapa aunque a veces pierda mi habilidad. No es toda mi culpa, que hay una contradicción entre el mapa y las señales de carretera. Les digo a mis amigos que no se preocupen demasiado porque estoy tomando control de todo.

Vocabulary

to get up	levantarse	quality	calidad
to exercise	ejercitarse	quantity	cantidad
to take a shower	tomar una ducha	to come back	regresar
parrot	loro, perico	willing	dispuesto
to switch on	encender	to earn	ganar
mash potatoes	puré de papas	to chat	charlar
to drink	tomar, beber	to pay	pagar
to watch	mirar, vigilar	paste	pasta
to feed	alimentar	boss	jefe
to work	trabajar	**friendly**	amistoso
news	noticias	**to relax**	relajarse
to ask	preguntar	**ready**	listo
to park	parquear	**again**	de nuevo
designer	diseñador	**to spend**	pasar, gastar
To check		**To invite**	

Does he take a cold shower in the morning?

Yes, he takes a cold shower in the morning.

What does he eat for breakfast?

He eats mashed potatoes and a glass of milk?.

At what time does he exercise?

He exercises at 5:10 a.m.

What does he do at 6 a.m.?

He feeds his two pets.

Does he drive to work?

No, he doesn't drive to work.

¿A qué hora Andre se levanta?

Andres se levanta a las cinco de la mañana.

¿Por qué tiempo él se ejercita?

Él hace ejercicio por 45 minutos.

¿Qué programa él ve?

Él ve las noticias.

¿Toma él una ducha fría en la mañana?

Si, él toma una ducha fría en la mañana.

¿Qué come en el desayuno?

Come puré de papas y toma un baso de leche.

¿A qué hora hace ejercicio?

Hace ejercicio a las 5:10 a.m.

¿Qué él hace a las seis de la mañana?

Alimenta sus dos mascotas.

¿Maneja al trabajo?

No, él no maneja al trabajo.

Where do you want to go tonight? I want to go to the city.
What do you want to do? I want to see a picture.
What do you want to eat? I want to eat chicken
Do you prefer to go the movies? Yes, I prefer to go to the movies
What film do you want to see? I want to see an action film.
At what time do you want to leave? I want to leave at 10 p.m.

¿Dónde quieres ir esta noche? Quiero ir a la ciudad.
¿Qué quieres hacer? Quiero ver una película.
¿Qué quieres comer? Quiero comer pollo.
¿Prefieres ir al cine? Si, prefiero ir al cine.
¿Qué película prefieres ver? Quiero ver una película de acción.
¿A qué hora quieres salir? Quiero salir a las 10 p.m.

Grammar (gramática)

Plural = hay dos clases de plural para los nombre que son plural regular, y plural irregular en Inglés. Al nombre regular que termine en 'ch', 'sh', 'y', 'o', 'ss', 'x', se le agrega 'es' al final del nombre, o 'ies' si el nombre termina en 'y', pero si el nombre ternima con dos vocales sólo se le agrega una 's', ejemplos boy = boys, key = kyes. Los nombres irregulares se forman cambiando total mente su raíz. Ejemplos

REGULAR	plural	IRREGULAR	plural
box (caja)	boxes (cajas)	man (hombre)	men (hombres)
party (fiesta)	parties (fiesta)	woman (mujer)	women (mujeres)
glass (vaso)	glasses (vasos)	person (persona)	people (gente)
beach (playa)	beaches (playas)	foot (pie)	feet (pies)
dish (plato)	dishes (platos)	tooth (diente)	teeth (dientes)
class (clase)	classes (clases)	ox (buey)	oxen (bueyes)
church (iglesia)	churches (iglesias)	child (niño)	children (niños)
tax impuesto)	taxes (impuestos)	mouse (ratón)	mice (ratones)
kiss (beso)	kisses (besos)	louse (piojo)	lice (piojos)
dress (vestido)	dresses (vestidos)	policeman (policía)	policewoman (policías)
watch reloj)	watches (relojes)	wife (mujer)	wives (esposas)
city (ciudad)	cities (ciudades)	leaf (hoja)	leaves (hojas)
country (país) campo	countries (países)	knife (cuchillo)	knives (cuchillos)
baby (bebé)	babies (niños)	life (vida)	lives (vidas)
family (familia)	families (familias)	thief (ladrón)	thieves (ladrones)

Grammar (gramática)
DO, DOES

Present tense = tiempo presente. El auxiliar 'Do', 'don't', como su negativo indica 'no'. no tiene significado en Español y sólo se utiliza para hacer pregunta en tiempo presente para los pronombres 'I', 'you', 'we', 'they'. Does se utiliza para 'he', 'she', 'it'. Cuando usamos la tercera persona del singular el verbo se pluraliza. En una oración positiva. Ejemplos. She dances very web. He watches the news, it rains every day, he parties every night.

Listen and observe (Escuchar y observar)

Development 1

What do you do in the morning?	I exercise for 45 minutes.
How long does she stay in bed on Monday?	She stays in bed all morning.
What do they usually do on Saturday?	They usually visit their parents.
Why does she work on Sunday?	Because she needs the money.
Do you recommend for her to stay here?	No, I don't recommend for her to stay here.
What is your plan for this weekend?	I think I'll go to the mountains.
Does he do his homework on time?	No, he doesn't do his homework on time.

Desarrollo 1

¿Qué tú haces en la mañana?	Hago ejercicio por 45 minutos.
¿Por qué tiempo se queda ella en cama los lunes?	Ella se queda en cama toda la mañana.
¿Qué ellos usualmente hacen los Sábados?	Ellos usualmente visitan sus padres.
¿Por qué trabaja ella los Domingos?	Porque ella necesita dinero.
¿Le recomiendas a ella que se quede aquí?	No, yo no le recomiendo que se quede.
¿Cuál es tu plan para este fin de semana?	Pienso ir a la montaña.
¿Hace él su tarea a tiempo?	No, él no hace su tarea a tiempo.

CHAPTER SIX
Leccion seis

Talking about feeling (hablando acerca del sentimiento)

Mr. Man? = What do you usually do on the weekend?

Mrs. Woman?= I go to town with my boyfriend. We have a good time together.

Mr. = What does he love to do there?

Mrs. = He always takes pictures and visits the museums.

Mr. = How often do you see him?

Mrs. = I see him just on the weekend because he works in another state. He usually calls me to see how I am. We have good communication and he tells me everything about him. He works very hard during the week.

Mr. = Do you sometimes visit his job? Does he invite you to visit him?

Mrs. = No, I don't visit his job, and he never invites me to go. Why do you ask me that? Is there a problem with him? What is happening? Do you know where he is working?

Mr. = Yes, I know where he is working. I don't want to alarm you, but you need to go and see for yourself. He has another girlfriend in the company, and they live together in a beautiful apartment close to the company.

Mrs. = Do you want to drive me there because I don't know how to get there. I want to see it with my own eyes. I promise not to cause you any problems for telling me.

Mr. why do you tell me all of this?

Mr. = Because I don't want you to suffer because of him. You are a very good person, and you deserve a good man who loves, and respects you as I do. I feel in love with you and I want you to know that you are in my heart. I really love you, and it's the right moment to tell you what I feel for you. I want to spend the rest of my life with you. If you say yes, I promise to respect and love you as a queen. You deserve a good man, and I offer you my love. Do you accept it?

Mrs. = First, I want to visit my boyfriend's company. I need to know you better. Do you talk like this all the time when you are in love?

Mr. = I don't understand. What do you mean?

Mrs. = Do you talk negative of the other person?

Mr. = It's my first time. I tell you this because I don't want you to suffer for someone who really doesn't want you as I do.

Mrs. = Thanks very much. I promise to think about this.

Lección seis

Mr. = ¿Que usualmente haces en la mañana?

Mrs. = Voy a la ciudad con mi novio. Y nos divertimos juntos.

Mr. = ¿que a él le gusta hacer allí?

Mrs. = Él siempre toma fotos, y visita los monumentos.

Mr. = ¿Con que frecuencia tu lo ve?

Mrs. = Solo lo veo en el fin de semana por que él trabaja en otro estado. Él usualmente me llama para saber como estoy. Tenemos Buena comunicación y él me dice todo respecto a él. ¿Que pasa? ¿Tú sabes donde él trabaja?

Mr. = ¿a veces visitas su trabajo? ¿Te invita para que lo visite?

Mrs. = No, yo no visito su trabajo, y él nunca me invita que valla. ¿Por qué me preguntas eso? ¿Hay problema con él? ¿Qué pasa? ¿Sabes donde él está trabajando?

Mr. = Si, yo se donde él está trabajando. Yo no quiero alarmarte, pero tú necesitas ir y ver por ti misma. Él tiene otra novia en la compañía, y ellos viven juntos en un hermoso apartamento cerca de la compañía.

Mrs. = Quieres llevarme allí porque yo no se como llegar. Quiero verlo con mis propios ojos. Te prometo no causarte problema por la información. ¿Pero porque me dices todo esto?

Mr. = Porque no quiero que tú sufras por él. Tú eres una muy buena persona, y tú mereces un buen hombre quien te ame, y te respecte como yo lo hago. Estoy enamorado de ti y quiero que sepa que tu estas en mi corazón. Realmente te amo, y este es el momento correcto p'ara decirte lo que yo siento por ti. Quiero estar el resto de mi vida contigo. Si dices si te prometo respectarte, y amarte como una reina. Tú mereces un buen hombre, yo te ofrezco mi amor. ¿Lo acepta?

Mrs. = Primero deseo visitar la compañía de mi novio, y necesito conocerte muy bien. ¿Haces esto cada vez que estas enamorado?

Mr. = No entiendo. ¿Qué quieres decir?

Mrs. = ¿Hablas en mal de la otra persona?

Mr. = Esta es mi primera vez. Te digo esto porque no quiero que tú sufras por alguien quien realmente que no te valora como yo.

Mrs. = Muchas gracias. Te prometo que pensare en ti.

Vocabulary

weekend	fin de semana	usually	a menudo
together	juntos	never	nunca
museum	museo	ever	alguna vez
other	otro	normally	normalmente
state	estado	often	a menudo
everything	todas las cosas	anytime	a cualquier hora
everybody	todo el mundo	why	porqué
everyone	cada uno	because	porque
to call	llamar	to ask	preguntar
hard	duro	to offer	ofrecer
week	semana	another	otro
sometimes	a veces	to suffer	sufrir
to deserve	merecer	to mean	significar
to be in love with	estar enamorado de	to talk	hablar, conversar
heart	corazón	bad	malo
the rest	el resto	from	de (procedencia)
really	realmente	of	de
time	vez	by	por
all	todo	the	el, lo, la, los, las
to understand	entender	to promise	prometer

Listen and observe (escuchar y observer)

Development 1

Where do you work?	I work in New York.
What do you do?	I am an engineer.
At what time do you go to work?	I go to work at 8 a.m.

At what time do you start work?	I start to work at 8 a.m.
At what time do you finish?	I finish to work at 4 p.m.
Do you get up early?	Yes, I get up early.
Do you live alone?	No, I don't live alone.
Who lives with you?	My sister lives with me.
What do you do in the morning?	I walk for 45 minutes.
Does she visit her boyfriend?	No, she doesn't visit her boyfriend.
Does he invite her to visit him?	No, he doesn't invite her to visit him.

Ordinal numbers números ordinales

First	Primero	Sixth	Sexton
Second	Segundo	Seventh	Séptimo
Third	Tercero	Eighth	Octavo
Fourth	Cuarto	Ninth	Noveno
fifth	quinto	tenth	décimo

Talking to a friend
Hablando con un amigo

Jeffrey = Excuse me. Do you live on a third floor?

A.J = No, I don't. I live in a second floor.

Jeffrey = How long have you lived there?

A.J = I've lived there for eight months.

Jeffrey = Do you sometimes visit my neighborhood?

A.J = Yes, every morning when I walk to my job.

Jffrey = Do you work near your house?

A.J = Yes, It's near my house. I don't have to drive there.

Jeffrey = Do you like your job?

A.J = No, I don't like my job. I am looking for another.

Jeffrey = Why don't you like your job?

A.J = Because the salary is not very good.

Jeffrey = Where else do you want to work?

A.J = I am looking for a job in my cousin's company.

Jeffrey = What does your cousin do there?

A.J = He has a manufacturing company.
Jeffrey = I wish you luck. Bye.

Hablando con un amigo

Jeffrey = Excuse me. ¿Vives en un tercer piso?
A.J = No. vivo en un segundo piso.
Jeffrey = ¿Por qué tiempo vives allí?
A.J = Vivo allí por 8 meses.
Jeffrey = ¡A veces visitas mi vecindario?
A.J = Si. Cada mañana cuando voy al trabajo
Jeffrey = ¿Trabajas cerca de tu casa?
A.J = Si. Esta cerca de mi casa. No tengo que manejar.
Jeffrey = ¿Te gusta tu trabajo?

A.J = No, no me gusta mi trabajo. Estoy buscando otro.
Jeffrey = ¿Por qué no te gustas tu trabajo?
A.J = Porque el salario no es bueno.
Jeffrey = ¿Donde más piensas trabajar?
A.J = Estoy buscando en la compañía de mi primo.
Jeffrey = ¿Qué hace tu primo allí?
A.J. él tiene una compañía de trabajo manual.
Jeffrey = Te deseo buenas suertes. Adios-

Vocabulary

floor	piso	luck	suerte
how	como	to wish	desear
month	mes	manufacture	manufacturar
neighboring	vecino	day off	día libre
job	trabajo, empleo	to be ache all over	dolerle todo el cuerpo
to walk	caminar	almost never	casi nunca
near	cerca	to hate	odiar
to look for	buscar	next	próximo

salary	salario	world trade center	centro de negocio mundial
where else	donde mas	century	siglo
what else	que más	way up	camino arriba
who else	quien mas	way down	camino abajo
cousin	primo	by hand	a mano
niece	sobrina	my view point	mi punto d vista
nephew	sobrino	to stand out	destacarse
grandfather	abuelo	smoothly	suavemente

CHAPTER SEVEN
Leccion siete

IN THE EMBASSY

Cooper. Good morning. I am looking for some information. Can you tell me where can I apply for a visa?

Snider. Right here with me. Can you give me your full name and your case number?

Cooper. I'm Jefferson Kert. My case number is 294102. Could you tell me how much I must pay for this appointment?

Snider. You must pay 200 hundred dollars. Can you tell me who is your support person in the United States?

Cooper. Karen Caple. I have a question. Must she actually be working in her country to help get me the visa?

Snider. Yes, she must be working and she must prove to the consulate of her country that she can support you financially and she cannot be dependent on her parents. Could you give me her city and state where she lives?

Cooper. She is from Denver Colorado.

Snider. How long can I stay there once I have the visa?

Cooper. If your visa is for a visitor you can stay there from 3 months to 6 months

Snider. What other visa can I have?

Cooper. You can apply for a residence visa if you are already married to an American. If you want a fiancée visa, you must go to the United States and stay there for 2 years and then you can become a resident. In five years, you can become a citizen.

Snider. What papers must I bring to the embassy to prove that I am eligible to apply for a visa? Cooper. You must bring us your residence information for the last five years. You must specify your current occupation, full name and address of your employer.

Snider. Can I bring that information in any language?

Cooper. You must have it just in English.

Snider. Once I get the visa, can I also take my son with me?

Cooper. If your son is on the list when you filled the first application, you can. You must be sure to put him on the list, too.

Lección siete

En la embajada

Cooper. Buenos dais. Estoy buscando información. ¿Puedes decirme donde puedo solicitar una visa?

Snider. Aquí mismo conmigo. ¿Puedes darme su nombre complete y su numero de caso?

Cooper. Soy jefferson kert. Mi número de caso es 294102. ¿Puedes decirme cuanto debo pagar por esta cita?

Snider. Debe pagar 200 dólares. ¿Puedes decirme el nombre de su soporte en los Estados Unidos?

Cooper. Brian caple. Tengo una pregunta. ¿Debe ella estar actualmente trabajando en su país para darme la visa?

Snider. Si. Ella debe estar trabajando y ella debe probar al consulado de su país que ella puede soportarte económicamente y ella no debe ser dependiente de sus padres. ¿Puedes darme su ciudad y su país de origen?

Snider. Ella es de Denver Colorado.

Cooper. ¿Por qué tiempo debo estar allí un vez yo obtenga la visa?

Snider. Si tú visa de paseo tú puedes quedarte de 3 a 6 meses.

Cooper. ¿Que otra visa puedo obtener?

Snider. Puedes tener visa de residencia si ya eres casado con una americana, una visa de novio. Si tienes una visa de novio debes ir a los Estados Unidos y permanecer allí por dos años y entonces tú podía ser un residente. Y en cinco años te conviertes en ciudadano.

Cooper. ¿Que debo traer aquí a la embajada para probar que no pretendo quedarme en los Estados Unidos ilegal?

Snider. Debes traernos tu residencia los últimos cinco años. Debes especificar tu actual ocupacion. Nombre completo y dirección de tu empleador.

Cooper. ¿Puedo traer esa información en cualquier idioma?

Snider. Debes traerlo solo en Inglés.

Cooper. ¿Una vez obtenida la visa puedo llevar mi hijo conmigo?

Snider. Si tu hijo esta en la lista en le momento que llenas la solicitud usted puede. Debe de asegurarse de ponerlo en la lista también.

Vocabulary

can	poder	financially	económicamente
could	podría	consulate	consulado
must	deber	embassy	embajada
to apply	solicitar	dependent	dependiente
visa	visa	visitor visa	visa de visita
passport	pasaporte	once	una vez
case	caso	twice	dos veces
residence	residencia	three times	tres veces
elegal	ilegal	already	ya
legal	legal	fiancé	novio, formal
right here	aquí mismo	fiancée	novia, formal
right there	allí mismo	list	lista
appointment	cita	to fill	llenar
how much?	¿cuanto cuesta?	resident	residente
support	soporte	citizenship	ciudadano
actually	actualmente	to specify	especificar
to prove	probar	current	actualmente
employer	empleador	sure	seguro

Listen and obsever (escuchar y observar)

Development 1

What can I do to get a visa?   You must go to the embassy.
Can you travel to another country?   No I can't travel to another country.
Could you visit your family in US?   Yes, I could visit my family in US.
What type of visa do you have?   I have a fiancée visa.
Where must you go today?   I need to see my cousin.
What language can you speak?   I can speak English
Must you study very hard?   Yes, I must study very hard.

Desarrollo 1

¿Que debo hacer para obtener una visa?	Debes ir a la embajada.
¿Puedes viajar a otro país	No, yo no puedo ir a otro país.
¿Podría tu visitar tu familia en US?	Si, yo podría visitar mi familia en US.
¿Que tipo de visa tienes?	Tengo visa de novio.
¿Donde debes ir hoy?	Necesito ver a mi primo.
¿Que idioma puedes hablar?	Puedo hablar Inglés.
¿Debes estudiar muy duro?	Si, debo estudiar mucho.

Mini conversation 1

A. What must you do today in your house?

B. I must help my father on the farm.

A. How big is it?

B. It's four kilometers square.

A. Can I go to help because today is my day off?

B. Yes, you can go. My father will be pleased.

A. What could I do there? I am not an expert in farming.

B. You can bathe the horses, and feed them, can't you?

A. Ok, then I bathe and feed the horses, but can I ride them horseback?

B. Yes, you can ride them horseback after you bathe them.

A. ¿Que debes hacer hoy en tu casa?

B. Debo ayudar a mi padre en la granja.

A. ¿Que grande es?

B. Tiene cuatro kilómetros cuadrados.

A. ¿Puedo ir ayudar? Tengo el día libre.

B. Si, puedes ir. Mi padre se sentirá a gusto.

A. ¿Qué podría yo hacer allá? No tengo experiencia de granja.

B. Tú puedes bañar, y alimentar los caballos. ¿No es verdad?

A. OK. Entonces baño, y alimento los caballos, ¿pero puedo montarlos?

B. Si, tú puedes montarlos después de bañarlos.

Grammar
Auxiliares

"Can", y su negativo "can not, o "can't" significa poder solo se utiliza en
   presente sin el infinitivo "to" se utiliza para todas las personas o casas.
"Could", y su negativo "couldn't", o could not" significa podría. Se utiliza
   para todos los sujetos.
"Must", "mustn't", "must not", deber para todos los sujetos.

Ejemplos:
Estos verbos auxiliares no llevan s en la tercera persona de singular:

Positive   negative

I can	Yo puedo	I can not, can't	Yo no puedo
You can	Tu puedes	You can't	Tu no puedes
She, he can	Ella, él puede	She, he can't	Ella, é no puede
We can	Nosotros podemos	We can't	Nosotros no podemos
They can	Ellos pueden	They can't	Ellos no pueden
I could	Yo puedo	I couldn't	Yo no puedo
You could	Tu puedes	You couldn't	Tu no puedes
She, he could	Ella, él puede	She, he couldn't	Ella,él no puede
We could	Nosotros podemos	We couldn't	Nosotros no podemos
They could	Ellos pueden	They couldn't	Ellos no pueden
I must		I mustn't	
You must		You mustn't	
She,he must		She, he mustn't	
We must		We mustn't	
They must		They mustn't	

Question tag
¿Verdad? ¿No es verdad?

I must work tonight, mustn't I?	I mustn't work tonight, must I?
She could visit Mary, couldn't she?	She shouldn't visit Mary, could she?
We must drink water, mustn't we?	We mustn't drink water, must we?
They can arrive early, can't they?	They can not arrive early, can they?
He could be here today, couldn't he?	He couldn't be here today, could he?
She must be at home, mustn't she?	She mustn't be at home, must she?
We could find a good job, couldn't we?	We couldn't find a good job, could we?
She can speak English, can't she?	She na not speak English, can she?
We must save money, mustn't we?	We must not save money, must we?

CHAPTER EIGHT
Lección nueve

The History

I was born on September 1, 1906 in Dominican Republic. My father was born in Puerto Rico and my mother in DR. They had eight children; seven girls and I was the only boy. I started my studies in the town of Santiago, and I finished my primary and high school. In 1924, I received the title of Bachelor in Social Science. I studied at the "University Autonomous of Santo Domingo". In 1929, I expanded my law studies at the University in London.

After my return to DR in 1935, I worked as the undersecretary of Public Education. After that, I also worked as Undersecretary of State in International Relations of the Republic. In 1940, I held a position of diplomat and ambassador extraordinary in Colombia and Ecuador. In 1948, I worked for the President of Mexico as a diplomat. My principal occupations were communication and politics. During 1924-1928, I worked as a reporter for a national newspaper.

In 1930, I was a lawyer for the Property Tribunal and after that I busied the secretary of first class. In 1956, I was the only man who was elected to be President of Dominican Republic for the next 12 years. Respectfuly the people called me Don Juaquin Balaguer Richar. I died on July 14th in 2002.

Leccion ocho

Una historia

Nací el primero de septiembre en 1906 en la Republica Dominicana. Mi padre nació en puerto rico, y mi madre en la RD. Éramos ocho hijos siete hermanas y yo el único hermano. Comencé mis estudios en mi ciudad natal llamada "Santiago" cuando termine la primaria y la secundaria en

1924 recibí el titulo en arte y ciencia estudie en la universidad autónoma de Santo Domingo. En 1929 expandí mi estudio de derecho en la universidad de Madrid.

A mi llegada a Santo Domingo en 1935trabaje como subsecretario de educación publica. Después de eso. También trabaje como subsecretario de estado en relaciones Internacionales de la Republica. En 1940 ocupé la posición como diplomático, embajador extraordinario en Colombia y Ecuador. En 1948 trabaje para el presidente de México como diplomático. Mis principales ocupaciones fueron letras y políticas. Durante 1924-1928 trabaje como reportero para un periódico nacional.

En 1930 fui abogado del tribunal de tierra, y después de eso ocupé la secretaria de primera clase. Mi profesión en la política comenzó en 1956 en la cual yo soy el único que hombre quien fue electo a ser presidente de la Republica Dominicana por 12 años consecutivos. Un ahora la gente me llama Don Joaquín Balaguer Richard.

Fallecido el 14 de Julio 2002.

Vocabulary

to be born	nacer	ambassador	embajador
to be (was, were)	pasado del verbo	extraordinary	extraordinario
downtown	ciudad natal	principle	principal
primary school	primaria	setter	
high school	secundaria	politics	políticas
title	titulo	during	durante
bachelor	bachiller	reporter	reportero
science social	ciencias sociales	property tribunal	tribunal de tierra
to expand	expandir	to busy	ocupar
law	ley, abogacía	which	cual
lawyer	abogado	to elect	elegir
to return	regresar	vice president	vicepresidente
undersecretary	subsecretario	mayor	alcalde
state	estado	plenty	suficiente

international relation	relaciones intern.	appopriate	apropiado
to place	ocupar, poner	to prepare	preparar
position	posición	adventure	aventura
diplomatic	diplomático	activity	actividad

Listen and observe (escuchar y observar)

Where were you working yesterday?	I was working at the Denver Post?
What were you doing?	I was reporting interesting news.
Were you alone?	No, I wasn't alone.
Who was with you?	My coworkers were with me.
Was she a diplomat in Mexico?	No, she wasn't a diplomat in Mexico.
Was your father an undersecretary?	Yes, he was an undersecretary.
Was he a reporter?	Yes, he was a reporter.
Where were you born?	I was born in the United states.
When was she born?	She was born in 1985.
Were you born in 1975?	No, I wasn't born in 1975.
When was your president born?	He was born in 1906
Was there a meeting in your company?	Yes, there was a meeting in my company.

Distribution of arms in Iraq

Important Taliban leaders have gotten together to distribute weapons, money, bombs and free motorcycles in Chaman in the border with Pakistan, according to the human. According to the news, that quotes local sources of information, the payees are poor "Afghans" who don't believe in the Islam religion of the Taliban's, but they accept the money to place bombs in cars and different public places in Afghanistan.

The newspapers reviews some attacks, many of them are against spiritual leaders of churches who formed part of religious meetings on which was decreed illegitimate. The "jihad" against the central government of Kabul, and the strange troops. The Taliban ran away and hid themselves in mountains for years.

After the victory of the American soldiers the Taliban are coming back to fight against the Americans. The taliban started fires in schools, churches, and even committed suicide in order to kill other people in the name of Allah. The Taliban thinks that if they die for Allah's cause, they are going to have wealth and a better life in heaven.

Distribución de armas en Irak

Importantes lideres talibanes se reunieron para distribuir armas, dinero, bombas, y motocicletas gratis en chaman en la frontera de Pakistán, informo el human post. Según el diario eso apunta a fuente de información, los destinatarios son partes de pobres "afganos" quienes no creen en la religión islámica de los talibanes. Ellos aceptan el dinero para poner bombas, y carro bombas en Afganistán.

El diario revisa algunos ataques, muchos de ellos son contra jefes espirituales de iglesias quienes forman parte de reuniones religiosas sobre la cual decreta ilegitimidad. El "jihad" contra el gobierno central de Kabul, Y las tropa de la coalición. Los talibanes escaparon corriendo y se escondieron en las montañas por años.

Después de la victoria de los soldados Americanos, los talibanes están regresando a pelear contra los Americanos. Los talibanes empezaron a incendiar escuelas, iglesias, y acecinándose así mismo para matar otros en el nombre de alláh. Ellos piensan que si mueren por la causa de alláh, ellos tendrán riqueza, y una mejor vida en el cielo.

Vocabulary

leader	líder, cabecilla	after	después
to distribute	distribuir	before	antes
bomb	bomba	to light	incendiar
motorcycle	motocicleta	to fight	pelear

border	frontera	against	contra de
to inform	informar	to escape	escapar
payee	destinatario	to run away	escapar corriendo
human	humano	to kill	matar
according to	según a	to murder	acecinar
to review	revisar	wealth	riqueza
religious	religioso	to think	pensar
troop	tropa	better	mejor
to hide	esconder	life	vida
mountain	montaña	to die	morir
weapon	arma de guerra	to appoint	nombrar, apuntar

Developmet 1

How long were you at the university?

I was at the university for 4 years.

What were you studying?

I was studying medicine.

Were you in Afghanistan?

Yes, I was in Afghanistan.

What were you doing there?

I was working for a newspaper.

How long were you there?

I was there for 11 months.

What was Afghanistan like?

It was dry and hot.

Was it dangerous for you to be there?

Yes, it was dangerous for me to be there.

Were you communicating with many people?

No, I wasn't communicating with many people.

Desarrollo 1

¿Qué tiempo estuviste en la Universidad?

Estuve en la universidad por 4 años.

¿Qué estaba estudiando?

Estaba estudiando medicina.

¿Estabas en Afganistán?

Si, estaba en Afganistán.

¿Por qué tiempo estuviste allí?

Estuve por 11 meses.

¿Cómo ere Afganistán?

Era seco y caluroso.

¿Fue peligroso para ti estar allí?

Si, esto fue peligroso para mi

¿Estuviste con muchas personas?

No, yo no estaba con mucha gente.

Grammar (gramática)

To be. El verbo to be se divide en. "Is", es, o esta su pasado "was", su negativo "wasn't", "was not" era o estaba. "Are" son o están su pasado "were" eran o estaban su pasado "weren't" o "were not".

Ejemplos:

Positivo	negativo	positivo	negativo
I was = yo era, estab	I wasn't, was not	You were = tu eras	You weren't
She was = ella era	She wasn't	We were = nosotros estábamos	We were not
He was = estaba	He was not	They were = ellos eran, estaban	They weren't

Interrogativo

	I	you
Was	she ?	Were we ?
	He	they

1. I was a doctor. 2. She was in Miami. 3. They were at home today. 4. We were working very long last night. 5. My sister was here yesterday. 6. Your friends were asking for you two minutes ago. 7. Paul was in the country feeding the horses. 8. I was practicing boxing with my instructor.

1. Yo era un doctor. 2. Ella estaba en Miami. 3. Ellos estaban en la casa hoy. 4. Estábamos trabajando mucho anoche. 5. Mi hermana estaba aquí ayer. 6. Tus amigos estuvieron preguntando por ti hace dos minutos. 7. Paúl estaba en el campo alimentando los caballos. 8. Yo estaba practicando boxeo con mi instructor.

CHAPTER NINE

Lección nueve

Strike for water and energy.

On July 10, 2003

At least three people were injured and another two were killed because of "buck shots" yesterday in an exchange of shots, bombs, and stones between policemen and the inhabitants in a district of the capital. They were protesting the need to repair the streets, water service, and for a better electric service.

The movement started before 6:00 a.m., when demonstrators blocked the avenue of Charles de Gaulle and started fires in dozens of tires on the main street. The police faced them with buck shots and tear gas bombs. The demonstrators answered them with stones, and gun shots. It was a terrible battle between them. Some young men were jailed.

The injured were two teenagers. One of them was 14, and the other was 16 years old. The others hurt were not identified.

In the protest there were young men, children, elderly, business people, and housewives who expressed they were tired of so many promises without solutions. They also expressed that they had been without water more than six years. They had to travel very far from theirs houses to get water. An old woman said "We just want water and energy. We want to live in peace. We voted for the President and now he must resolve part of our problems."

Lección nueve

Huelga por agua y energía

Por los menos tres personas fueron heridas y otras dos acecinada a causa de disparo de arma de fuego ayer en un intercambio de disparo, bambas, y pedradas entre policías y moradores de un distrito en esta ciudad capital. Protestaban por la reparación de las calles, servicio de agua, y un mejor servicio en la energía eléctrica.

Los movimientos comenzaron antes de las 6:00 a.m. cuando manifestante bloquearon la avenida Charles de Gaulle, y encendieron docenas de neumáticos en las principales calles. La policía los enfrento con disparos y bombas lacrimógenas. Los manifestantes le respondieron con pedradas, y disparo de pistola. Esta fue una terrible batalla entre ellos. Algunos jóvenes fueron encarcelados.

Entre los heridos figuran dos adolescentes. Uno de ellos tiene 14, y el otro tiene 16 años de edad. El otro herido no fue identificado.

En la manifestación había jóvenes, niños, ancianos, empresarios, y ama de casa quienes expresaron estar cansadas de tantas promesas sin soluciones. Ellas también expresaron estar sin agua por más de seis años. Ellas tienen que viajar lejos de sus casas para conseguir agua. Una anciana dijo "nosotros solo queremos agua y luz. Queremos vivir en paz. Nosotros votamos por el presidente actual y ahora él debe resolver parte de nuestros problemas.

Vocabulary

at least	por lo menos	buckshot	disparo de pistola
to injure	herir	inhabitant	moradores
because of	por, a causa de	district	distrito, barrio
to exchage	intercambiar	to repair	reparar
to protest	protestar	energy	energía
stone	piedra	electry	electricidad
dozen	docena	movement	movimiento

to block	bloquear	demonstrator	manisfetante
to face	enfrentar	battle	batalla
tear	lagrima	old woman	anciana
to figure	figurar	solution	solución
teeneger	adolescente	peace	paz
tired	cansado	to identify	identificar
identity	identidad	to vote	votar

Listen and observe (escuchar y observar)

Why were you protesting?	Because we need good streets.
What service do you need?	We need water service and energy.
Who started the exchange of shots?	The police started first.
What streets were blocked?	The avenue Charles de Gaulle.
Were there many people with you?	Yes, there were many people.
Were there many injured?	Yes, there were many injured.
Where were you at 6:00 A.M.	I was protesting.
What kind of people were there?	There were elderly woman, and children.

¿Por que estaba protestando?	Porque necesitamos buenas calles.
¿Que servicios tú necesitas?	Necesitamos el servicio de agua y luz.
¿Quien comenzó el intercambio de disparo?	La policía empezó primero.
¿Que calles estaban bloqueadas?	La avenida Charles de gaulle.
¿Avía mucha gente contigo?	Si, había mucha gente conmigo.
¿Había muchos heridos?	Si, había muchos heridos.
¿Donde estaba tu a las 6:00 A.M?	Yo estaba protestando.
¿Que clase de gente había?	Había anciana, y niños.

Special class

REPORTER

Israel decided yesterday in the afternoon, to set free 550 Palestinians prisoners which added to the 675 prisoners that already were freed. Meanwhile, four members of an Israeli family were injured in an ambush set by Palestinians activists on the southside of Jerusalem. According to the Israeli public broadcast, Israeli, "administrative prisoners" were jailed for an unlimited time, six months ago. Others were arrested for crossing the border illegally into Israel.

The Israeli military radio station added 200 members to this new group. In the beginning, the Israeli government just approved an agreement to set free only 350 prisoners who were chosen for their good behavior in jail. Due to pressure from the Prime Minister, and the Secretary of Defense of the US, Israel was forced to set free 675 prisoners.

Clase especial

Reportero

Israel decidió ayer en al tarde liberar a 550 prisioneros palestinos y a 675 que ya fueron liberado. Mientras que cuatro miembros de una familia Israelí fueron heridas en un emboscada puesta por activistas palestinos en la parte sur de Jerusalén. Según la radio Israelí, "prisioneros administrativos" fueron encarcelados por tiempo indefinido, ya hace seis meses. Otros fueron arrestados por cruzar la frontera ilegal a Israel.

La radio militar Israelí añadió 200 miembros a su nuevo grupo. Al principio el gobierno Israelí solo aprobó un acuerdo para libertar a solo 350 prisioneros quienes fueron elegidos por sus buenas conductas en la cárcel. Debido a la presión del primer ministro, y el primer ministro de defensa de Norte América, Israel fue obligado a libertar 675 prisioneros.

Vocabulary

to set free	liberer	to unlimit	ilimitar
ambush	emboscar	to add	añadir
activist	activista	to cross	cruzar
broadcast	radio difusora	military	militar
administrative	admisnistrativo	group	grupo
prisoner	prisionero	goverment	gobierno
to chose	elegir	behavior	conducta
due to	debido a	to pressure	presionar
to force	forzar, obligar	prime minister	primer ministro
defense	defensa	Jerusalem	Jerusalen
radio station	estacion de radio	Palestinian	Palestino

Listen and observe (escuchar y observar)

Questions

What dress was she wearing last night?
Was her father upset because you married her without his consent?
Were you going to leave the hospital without talking to the doctor?
Was the doctor going to cut off your finger?
Was she alone in the school?
Wasn't there light last night?
Was the doctor checking your mother's pulse?
Were you suffering from high blood pressure?
Were you spending the summer in Paris?
Was your business doing well?
Was he trying to convince you to come here?
Were the police searching your house?
How long were you out last night?
Was she on the corner when you went by?

Answer

She was wearing a silk blue dress.
Yes, her father was very upset because I married her without his consent.
No, I wasn't going to leave the hospital without talking to the doctor.
Yes, the doctor is going to cut off my finger.
No, she wasn't alone in the school.
Yes, there was light last night.
Yes, the doctor was checking my mother's pulse.
No, I wasn't suffering from high blood pressure.
Yes, I was spending the summer in Paris.
No, my business wasn't doing well.
No, he wasn't trying to convince me to come here.
No, the police weren't searching my house.
I was out for three hours.
Yes, she was on the corner when I went by.

Grammar

There is, significa 'hay' para el singular. There are significa 'hay' para el plural
El pasado de 'there is' es 'there was'. El pasado de 'there are' es 'there were'.

Ejemplos:

Questions

Was the police searching your house?
How long were you out last night?
Where was she when you arrived?
Were you working there for years?
Was she sorry for your accident?
Were you busy last night?
What dress was she wearing last night?
Was her father upset because she married you?
Were you leaving the hospital without talking to the hospital?
Was the doctor going to cut off your finger?

Was she alone yesterday?
Wasn't there light last night in your house?
Was the doctor going to check your mother's pulse?
Was your mother suffering of high pressure?
Was your business doing well?
Were you trying to convince her?

Answer

No, the police wasn't searching my house.	She was wearing a silk blue dress.
I was out for three hours.	Yes, her father was upset because she married me
She was in the garden.	No, I wasn't going to leave the hospital.
Yes, I was working there for years.	Yes, the doctor was going to cut off my finger.
Yes, she was sorry for my accident.	No, she wasn't alone yesterday.
No, I wasn't busy last night.	No, there wasn't light last night.
She was wearing a silk blue dress.	Yes, the doctor was going to check my mother's pulse.
Yes, her father was upset because she married me.	No, my business wasn't doing well.
No, I wasn't busy last night.	Yes, I was trying to convince her.

Preguntas

¿Estaba la policia rejistrando tu casa?
¿Por qué tiempo estuviste fuera anoche?
¿Donde estaba ella cuando tú llegaste?
¿Estuviste trabajando alli por años?
¿Estaba ella triste por tu accidente?
¿Estabas ocupado anoche?
¿Qué vestido estaba ella vistiendo anoche?
¿Estaba su padre guapo por que me case contigo?

¿Estaba abandonando el hospital sin hablar con el doctor?

¿Iba el doctor a amputarte un dedo?

¿Estaba ella sola ayer?

¿No habia luz anoche en tu casa?

¿Estaba el doctor chequeandole la presion a tu amdre?

¿Estaba tu madre sufriendo de presion alta?

¿Iba tu negocio bien?

¿Estaba tratando de convencerla?

Respuestas

No, la policvia no estaba registrando mi casa.

Estube fuera por tres horas.

Ella estaba en el jardin.

Si, estuve alli trabajando por años.

Si, ella estaba triste por mi accidente.

No, yo no estaba ocupado anoche.

Ella llevaba puesto un vestido azul de seda.

Si, su padre se puso guapo por que te casaste conmigo.

No, yo no iba a dejar el hospital.

Si, doctor aba a amputarme el dedo.

No, ella no estaba sola ayer.

No. No abia luz anoche.

Si, el doctor iba a chequear el pulso de mi madre.

No, mi negocio no iba bien.

Si, yo eataba tratando de convencerla.

Translate into english

Siempre me levanto a las cinco de la mañana. Me ejercito por 45 minutos y tomo una

- -

ducha fría. Después de eso, enciendo la televisión y veo las noticias mientras me desayuno.

- -

Como un puré de papas y bebo un baso de leche. A las seis a.m.a alimento mis dos mascotas un gato, y un loro. No voy al trabajo en mi

---

carro porque es difícil parquearse cerca de mi trabajo. Tomo un autobús y en 25 minutos llego

---

allí. Comienzo a trabajar a las siete y termino a las cuatro de la tarde. Trabajo en un segundo

---

piso de un gran y famoso edificio trabajo para una compañía diseñadora de computadora. No

---

trabajo solo. Cientos de personas trabajan conmigo. Soy supervisor. Tengo que chequear la

---

calidad y la cantidad de productos. Al final del año yo recibo un bono de 5000 dólares más todo

---

el alimento por un mes. Realmente me gusta esta compañía. Yo gano de 5000 a 55000 dólares

---

anual. Siempre paso tiempo con amigos.

CHAPTER TEN
Leccion diez

Looking for a job

This is Brian's company. It's a manufacturing company. One Monday morning at 8:00, Cooper Brent arrived at the office looking for a job. He wanted to know if there was opening position.

Secretary = Good morning, may I help you sir?

Brent = I am looking for a job. Can you give me an application please?

Secretary = I am going to ask you some questions and then I'm going to ask you to fill out the application. What is your profession?

Brent = I'm an industrial engineer.

Secretary = Do you have any experience?

Brent = Yes, I worked for Huch and Huch Company for three years.

Secretary = Can I see your resume please?

Brent = Here it is. Does this company need employees?

Secretary = Here we need employees with two years experience and speaking fluent English. Can you work overtime, if we need you to?

Brent = Yes, I can work overtime. I can start to work right now if you want to hire me.

Secretary = It's very nice of you, but we need to review your resume first and later we are going to call you.

Brent = When are you going to call me at home?

Secretary = Now I am going to forward your documents to the Human Resource Department. If you qualify for the job they will call you.

Brent = At what time does the company start work?

Secretary = We start at 8:00 A.M. in the morning, and we finish at 4:00 P.M.

Brent = How many days is the company opened?

Secretary = We normally work five days a week. However, if we need to import some products, we ask the workers to work overtime.

Brent = Do the workers get good pay for that?

Secretary = Yes, you get time and a half.

Brent = That means that sometimes I've got to work on Sunday. Doesn't it?

Secretary = Yes, sometimes, when the company needs you then you've got to work no matter what day is it. Would you accept the job under those conditions?

Brent = Of course I would, I really need the job. I would like to start working as soon as possible.

Secretary = Ok. We will call you as soon as we can. Have a wonderful day sir.

Brent = Thanks a lot for your time miss, bye.

Secretary = Good bye.

This is a revew of the grammars from lesson 1 to lesson ten

(1)

Grammar (gramática)
The verb '**to be**' ser o estar

Es el único verbo que en presente es irregular, y es el único que se conjuga con todos los verbos en todo tiempo. '**Is**' es o está, sus formas negativas son '**isn't**' lo cual es la forma abreviado o '**is not**'. **Are** son o están, sus negativos son '**aren't**' forma abreviado o '**are not**'

I am	soy o estoy	you	
You are	eres o estás	we = are son, están, somos, estamos	
		they	
He			
She = is	es o está		
It			

Grammar (**gramática**)
How old? Cuantos años?

La edad o los años se expresa en inglés utilizando el verbo to be:

How old is Katy?	Katy is 26 years old.
How old are they?	They are 35 years old.
How old are you?	I am 27 years old.
How old am I?	You are 45 years old.
How old is Pepe?	He is 15 years old.

Grammar (gramática)
A, an = un, uno, una
El artículo indefinido es "**a**" delante de una
consonante "**an**" delante de una vocal.

A detective	Un detective	An apple	Una manzana
A man	Un hombre	An accident	Un accidente

(2)

DEMOSTRATIVES ADJECTIVES
ADJETIVOS DEMOSTRATIVOS

Señalan o muestran personas, animales o cosas de la cual se habla.

Singular		**Plural**	
This	Este, esta, esto.	These	Estos, estas.
That	Ese, esa, eso.	Those	Esos, esas.

This o su plural these se emplean para personas, animales o cosas que están cerca.

That o those para personas, animales o cosas distantes de la persona que habla.

(3)

Grammar (gramática)

There is, there are = hay

There is se emplea para el singular persona, animal o cosa

There are es para el plural

Singular		**plural**	
There is a table.	Hay una mesa	There are two tables.	Hay 2 mesas
There is a man.	Hay un hombre	There are four men.	Hay 4 hombres
There is a flower.	Hay una flor	There are three flowers.	Hay 3 flores
There is a book.	Hay un libro	There are eight books.	Hay 8 libros

(4)

"Question tag". ¿verdad?, ¿no es verdad?

Con el verbo have got o has got usamos la mismo forma para formar el Question tag. Si este está positivo el question tag va negativo y lo contrario.

Development 2

I have got a house in the country, haven't I?	Tengo una casa en el campo. ¿No es verdad?
Paul has got two children, hasn't he?	Paul tiene dos niños. ¿No es verdad?
They have got to clean the yard, haven't they?	Ellos tienen que limpiar el patio. ¿No es verdad?
She has got to call her mother, hasn't she?	Ella tiene que llamar a su madre. ¿No es verdad?
Jennifer and Daisy have got a car, haven't they?	Yenifer y Daisy tienen un carro. ¿No es verdad?
Andrew has got to attend the academy, hasn't he?	Andre tiene que asistir a la academia. ¿No es verdad?

(5)

Grammar (gramática)
DO, DOES

Present tense = tiempo presente. El auxiliar 'Do', 'don't', como su negativo indica 'no'. no tiene significado en Español y sólo se utiliza para hacer pregunta en tiempo presente para los pronombres 'I', 'you', 'we', 'they'. Does se utiliza para 'he', 'she', 'it'. Cuando usamos la tercera persona del singular el verbo se pluraliza. En una oración positiva. Ejemplos. She dances very web. He watches the news, it rains every day, he parties every night.

Listen and observe (Escuchar y observar)

Development 1

What do you do in the morning?	I exercise for 45 minutes.
How long does she stay in bed on Monday?	She stays in bed all morning.
What do they usually do on Saturday?	They usually visit their parents.
Why does she work on Sunday?	Because she needs the money.
Do you recommend for her to stay here?	No, I don't recommend for her to stay here.
What is your plan for this weekend?	I think I'll go to the mountains.
Does he do his homework on time?	No, he doesn't do his homework on time.

(7)

Grammar
Auxiliares

"Can", y su negativo "can not, o "can't" significa poder solo se utiliza en presente sin el infinitivo "to" se utiliza para todas las personas o casas.

"Could", y su negativo "couldn't", o could not" significa podría. Se utiliza para todos los sujetos.

"Must", "mustn't", "must not", deber para todos los sujetos.

Ejemplos:
Estos verbos auxiliares no llevan s en la tercera persona de singular:

Positive   negative

I can	Yo puedo	I can not, can't	Yo no puedo
You can	Tu puedes	You can't	Tu no puedes
She, he can	Ella, él puede	She, he can't	Ella, é no puede

We can	Nosotros podemos	We can't	Nosotros no podemos
They can	Ellos pueden	They can't	Ellos no pueden
I could	Yo puedo	I couldn't	Yo no puedo
You could	Tu puedes	You couldn't	Tu no puedes
She, he could	Ella, él puede	She, he couldn't	Ella, él no puede
We could	Nosotros podemos	We couldn't	Nosotros no podemos
They could	Ellos pueden	They couldn't	Ellos no pueden
I must		I mustn't	
You must		You mustn't	
She, he must		She, he mustn't	
We must		We mustn't	
They must		They mustn't	

Question tag
¿Verdad? ¿No es verdad?

I must work tonight, mustn't I?	I mustn't work tonight, must I?
She could visit Mary, couldn't she?	She shouldn't visit Mary, could she?
We must drink water, mustn't we?	We mustn't drink water, must we?
They can arrive early, can't they?	They can not arrive early, can they?
He could be here today, couldn't he?	He couldn't be here today, could he?
She must be at home, mustn't she?	She mustn't be at home, must she?
We could find a good job, couldn't we?	We couldn't find a good job, could we?
She can speak English, can't she?	She can not speak English, can she?
We must save money, mustn't we?	We must not save money, must we?

(8)

Grammar (gramática)

To be. El verbo to be se divide en. "Is", es, o esta su pasado "was", su negativo "wasn't", "was not" era o estaba. "Are" son o están su pasado "were" eran o estaban su pasado "weren't" o "were not".

Ejemplos:

Positivo	negativo	positivo	negativo
I was = yo era, estab	I wasn't, was not	You were = tu eras	You weren't
She was = ella era	She wasn't	We were = nosotros estábamos	We were not
He was = estaba	He was not	They were = ellos eran, estaban	They weren't

Interrogativo

	I	you	
Was	she ?	Were we ?	
	He	they	

(9)

Grammar

There is, significa 'hay' para el singular. There are significa 'hay' para el plural El pasado de 'there is' es 'there was'. El pasado de 'there are' es 'there were'.

Ejemplos:

Was there a red car in your house yesterday? Yes there was. Was there an apple on the table this morning?
No there wasn't (was not). Were there many people in the meeting last night? Yes there were. Were there 20 dollars in my wallet this morning? No there weren't (were not).

CHAPTER ELEVEN
Capitulo once

An invitation

We invited our best friends to our house last night for Saint Valentine's Day. There were nearly sixty people. There were three waiters and three waitresses serving and setting tables. The food was so delicious that everybody overate.

At the beginning of the party, there were different finger foods, cheeses, and crackers that were imported from Switzerland. There were also a variety of fresh fruits and vegetables.

There were ten tables that sat six people per table. On each table there were white table cloths, a glass vase with a red rose, and two lite candles in candle holders. There were many people talking, laughing, and enjoying themselves. There was soft romantic music being played at the back of the house.

When it was time to eat, each couple found their name card placed at a table where they could sit. For dinner they served green salad, spaghetti, and French bread. For dessert there was a fabulous chocolate cake with cherries inside, topped with white frosting. It also came with a dish of vanilla ice cream. During dinner there were people conversing, and everyone seemed to be enjoying themselves very much. At the back of the house there were two young people chatting and one of them asked the other a very important question.

Jennifer = What is friendship to you?
Ventura = Truly it's very difficult to answer this question, but I am going to share with you. For me friendship is a commitment between you and an other honest person that you consider to be your friend. You suffer, cry, help, share your secrets, respect, and listen to his opinions,

and you never lie, or turn away from this person. It's something beyond what you can imagine. A friend becomes more important in your life than your brothers or your family. It's said that it is very difficult to find a true friend.

Jennifer = Do you have a true friend?

Ventura = Yes, I have got a true friend. I met him when we were still boys. We grew up in the same town. We always were together, and what he liked was exactly what I wanted too. We spent our childhood together, and most important we continue being together today. Right now he's a Christian, and he is planning to go to different poor countries to preach, and help the people, and that's what I really want as well.

Lección once

Una invitación

Ayer en la noche invitamos a nuestros mejores amigos a nuestra casa por el día de San Valentín. Había casi 60 personas. Había tres camareros, y tres camareras sirviendo, y poniendo mesas. La comida estaba tan deliciosa que todas las personas comieron demasia

Al comienzo de la fiesta diferentes caramelos, quesos, y galletas que fueron importadas de Suiza. Había una variedad de frutas, y frescos vegetales. Había diez mesas que cabían seis personas por mesa. En cada mesa habían manteles blancos, un porta vaso con una rosa roja, y dos velas sobre candelabros. Había muchas personas hablando, reían, y disfrutando entre ellos. Había una suave música romántica siendo tocada en la parte trasera de la casa. A la hora de la comida cada uno encontró su nombre en la mesa done podían sentarse. Para la cena ellos sirvieron ensalada, espagueti, pan fresco. De postre había un biscocho de chocolate fabuloso con cereza dentro, y cubierto de glaseado. También vinieron con un plato de helado de vainilla. Durante la cena había personas conversando, y cada uno parecía estar disfrutando y divirtiéndose mucho. En la parte posterior había dos jóvenes charlando, y uno de ellos le preguntó al otro la pregunta más importante.

Jennifer = ¿Qué es la amistad para ti?

Ventura = verdaderamente es muy difícil contestar esa pregunta, pero voy a complacerte. Para mí la amistad es un pacto entre tú y otra persona honesta que tú consideres tu amigo. Tú sufres, lloras, ayudas, compartes tus secretos, respetas, y escuchas sus opiniones, y tú nunca le miente, o lo cambia por otra persona. Esto es algo más allá de loque tú puedes imaginar. Un amigo llega hacer más importante que tus hermanos o tu familia en tu vida. Se dice que es muy difícil encontrar un amigo verdadero.

Jennifer = ¿Tienes tú un amigo verdadero?

Ventura = Sí, tengo un buen amigo. Yo lo conocí cuando aún éramos niños. Crecimos en la misma ciudad. Siempre estábamos juntos, y loque a él le gustaba esto era loque yo quería también. Pasamos nuestras niñez juntos, y lo más importante nosotros continuamos juntos. Ahora mismo él es cristiano y está planeando ir a muchos países a predicar, y ayudar las personas más pobres, y eso es loque yo realmente quiero también.

Irregular verbs

Present

Past

I speak to Mary everyday.

I spoke to Johny last week

We spend three days in the mountain.

We spent one week in the country.

They give me a car in my birthday.

They gave paul a bicycle.

He dose his homework.

He did his homework.

Paul drinks two beers at the pub across the street

Paul drank beer together with Kerns.

I know how to drive a car.

I knew how to drive a car in a difficult street.

Vocabulary

nearly	casi	dessert	postre
food	alimento	fabulous	fabuloso
delicious	delicioso	to please	complacer
So	así que, por lo tanto,tan	to suffer	sufrir
to overeat	comer demasiado	to share	compartir
brave	baliente	beyond	más allá de
cheese	queso	to image	imaginar
cracker	galleta	childhood	niñez
to import	importar	secret	secreto
swiss	suizo	honest	honesto
variety	variedad	to become	llegar hacer, convertirse
fresh	fresco	to consider	considerar
each	cada	to continue	continuar
white	blanco	right now	ahora mismo
black	negro	christian	cristiano
red	rojo	to preach	predicar
orange	naranja, anaranjado	doghouse	perrera
soft	suave	aquarium	el acuario
romantic	romantico	seed	semilla
backyard	patio trasero	salad bowl	ensaladera
couple	pareja, par	salt shaker	salero
to place	colocar,situar	saucer	salsa
green salad	ensalada	to peel	pelar
inside	dentro	peeler	pelador
outside	fuera	thermos	termo
frosting	glaseado	coffeepot	cafetería
dish	plato	grill	parrilla
vanilla	vainilla	bowl	plato hondo

Grammar (gramática)

To be was, were = era, eras, estaba, estabas, eran, estaban, éramos, estábamos, estoy
Is, am = was, was not = wasn't
Are = were, were not = weren't

Listen and observe (Escuchar y observar)

Development 1

Was she in the house yesterday morning?	Yes, she was in the house yesterday morning.
Was he in the capital?	No, he wasn't in the capital.
Were they in New York?	No, they weren't in New York.
Where were you the day before yesterday?	I was in Miami visiting my mother.
What were they doing last night?	They were working last night.
Was she eating at the Heavenly Restaurant?	Yes, she was eating at the Heavenly Restaurant.
What lesson were they studying today.	They were studying lesson number five.
What was she cooking for the visitors last night?	She was cooking vegetable meat for the visitors.
Was he a doctor five years ago?	Yes, he was a good doctor 5 years ago.
Were you cold last night?	Yes, I was cold last night.
Was she very thirsty yesterday in the afternoon?	Yes, she was very thirsty yesterday in the afternoon.
Where was she earlier today?	She was shopping earlier today.
Was he a good father?	Yes, he was a good father.
Was he 22 years old when he was working here?	Yes, he was 22 years old when he was working here.
Was there a meeting here yesterday?	Yes, there was a meeting here yesterday.
How many people were there?	There were sixty people.

Was the president addressing the people?

Yes, the president was addressing the people.

Was there a party in the house?

Yes, there was a party in the house.

How many waiters and waitresses were there?

There were three waiters, and three waitresses.

What type of food was there?

There were different types of food.

How many tables were there?

There were ten tables.

Were they enjoying the party?

Yes, they were enjoying the party.

What were they talking about?

They were talking about friendship.

Were there two young men chatting?

Yes, there were two young men chatting.

What were they talking about?

They were talking about friendship.

Why were they invited to the house?

They were invited for Saint Valentine's Day.

How many couples were there in the party?

There were six couples.

What was the most important question for Ventura?

What is friendship to you?

Was he happy being there with his friend?

Yes, he was happy being there with his friend.

DESARROLLO 1

¿Estaba ella ayer en la mañana en la casa?

Sí, ella estaba ayer en la mañana en la casa.

¿Estaba él en la capital?

No, él no estaba en el hospital.

¿Estaban ellos en Nueva York?

No, ellos no estaban en Nueva York.

¿Dónde estabas tú anteayer?

Yo estaba en Miami visitando mí hermano.

¿Qué hacían ellos anoche?

Ellos estaban trabajando anoche.

¿Estaba ella comiendo en el restaurante heavenly?

Sí ella estaba comiendo en Heavenly R.

¿Que lección estaban ellos estudiando hoy en la mañana?

Ellos estaban estudiando la lección numero 5.

¿Que estaba ella cocinando para las visitas anoche?

Ella estaba cocinando carne vegetal.

¿Era él un doctor hace 5 años?

Sí, él era un buen doctor hace 5 años.

¿Tenia usted frio anoche?

Él tenía frío anoche.

¿Tenia ella mucha sed ayer en la tarde?	Sí, ella tenía mucha sed ayer.
¿Dónde estaba ella hoy temprano?	Ella estaba de compra hoy temprano.
¿Era él un buen padre?	Sí, él era un buen padre.
¿Tenia él 22 años cuando él trabajaba aquí?	Sí, él tenía 22 años cuando estaba trabajando.
¿Había una reunión aquí ayer?	Sí, había una reunión ayer aquí.
¿Cuántas personas había?	Había seis personas.
¿Estaba el presidente dirigiéndose a la gente?	Sí, el presidente se dirigía a la gente.
¿Había una fiesta en la casa?	Sí, había una fiesta en la casa.
¿Cuántos camareros, y camareras había?	Había tres camareros, y tres camareras.
¿Qué clase de alimento Había?	Había diferente tipos de alimentos.
¿Cuántas mesas había?	Había diez mesas.
¿Estaban ellos disfrutando la fiesta?	Sí, ellos estaban disfrutando la fiesta.
¿Qué estaban ellos conversando?	Ellos estaban hablando acerca de la amistad.
¿Había dos jóvenes charlando?	Sí, había dos jóvenes conversando.
¿Acerca de qué estaban hablando?	Ellos hablaban acerca de la amistad.
¿Por qué fueron invitados a la casa?	Fueron invitados por el día de san Valentín.
¿Cuántas parejas había en la fiesta?	Había seis parejas.
¿Cuál fue la pregunta más importante?	Qué es la amistad para ti.
¿Estaba él feliz por esta allí con su amigo?	Sí, él estaba feliz por estar allí con su amigo.

How to become an efficient businessmanSpecial class for businesspeople

1 In the book, there were several questions that you could ask yourself to determine the need for effective time management

techniques. Some of the questions you would ask yourself are followed.

A. Is my desk cluttered with papers that I am constantly reshuffling but never dealing with?
B. Do I often work overtime at the office? Do I often take work home to complete?
C. Am I continually being interrupted by telephone calls, visitors, others who monopolize my time and co-workers who want to socialize?

The distinguished difference between effectiveness and efficiency is that effectiveness is producing a definite or desired result. Efficiency is the result with less effort, expense, and waste. Effectiveness is the result of how the project is done. Efficiency is the result but not as effective as in effort, expense, and waste.

To be continue

Como ser un empresario eficiente

En el libro, había varias preguntas que usted pudo preguntarse así mismo para determinar la necesidad del tiempo efectivo en administración técnica. Algunas de las preguntas que usted debería preguntarse so las siguientes.

A Está mi escritorio desordenado con papeles que yo estoy constantemente revolviendo Pero nunca con lo que tengo que tratar.
B ¿trabajo a menudo hora extra en la oficina? ¿Llevo a menudo parte del trabajo para completarlo en la casa?
C ¿Estoy constantemente siendo interrumpido por llamadas telefónicas, visitas, u otros quienes monopolizan mi tiempo, y con compañeros de trabajo quienes quieren socializarse?

Las diferentes diferencias entre efectividad y eficiencia es que la efectividad es producir un resultado determinado o deseado. La eficiencia es el resultado con menos esfuerzo, gastos, y pérdidas. Efectividad es el resultado de cómo el proyecto es hecho. Eficiencia es el resultado pero no tan efectivo como en esfuerzo, gastos, y pérdidas.

Vocabulary

To become	Llegar a ser	To deal	Lidiar, tratar
Efficient	Eficiente	Overtime	Hora extra
Efficiency	Eficiencia	To complete	Completar
To determine	Determinar	Continually	Continuamente
Effective	Efectivo	To monopolize	Monopolizar
Management	Administración	To interrupt	Interrumpir
To clutter	Desordenar	To socialize	Socializar
Constantly	Constantemente	To distinguish	Distinguir
To reshuffle	Revolver	several	Varios
Effectiveness	Efectividad	To produce	Producir
visitor	Visita	Less	Menos
Effort	Esfuerzo	Expenses	Gastos
Project	Proyecto	Result	Resultado
To waste	Malgastar	difference	Diferencia

Development 1

Did you work overtime last night?	Yes, I work overtime.
How many people did you receive?	I received ten people.
How busy were you today?	I had to attend people the whole day.
How effective are you?	I help the company to grow more daily.
Do you often receive visitors?	Yes, I receive visitors at the office.
Did you take part of your work to the house?	No, I didn't take part of my jod to the house

Very important questions 1

1. What's the weather like? 2. Why are the people working so much? 3. Who are they working for? 4. Who do you think my father is? 5. Why do you disagree? 6. What does she think the stranger looks like? 7. Who is Paul looking for? 8. Where is the senator of your community? 9. Do you wtch a western movie? 10. Who do you think the man is?

Como usar las preposiciones

<u>BY</u> – por

La preposición by traduce por delante de un nombre.

    A. The book was written by Mr. Paul.
        She was helped by her mother.

    B. También indica cercanía.
        She went by my house yesterday.
        I passed by the president's house.
        I need you by me

FOR – por

Después de una preposición el verbo sigue en gerundio en 'ing'

Denota 'causa, 'cambio', 'precio', 'motivo', y duración de tiempo.
She let me have her book for my hanbag.
I'll give you a present for coming early
You have problem for staying out after midnight.

Because of – por, para indicar causa o mativo

I can not attend the school because of sickness
My father was fired because of his lateness

CHAPTER TWELVE
Capitulo doce

What is CentI International?

It's a rather new idea in international relations. It's a type of aid and a way to help people who have to travel to different countries. They must learn how to speak several languages and they have to do it in a short time and very quickly. In five months, the students are able to understand, read, write and to work as a translator in television, at tourist places or in companies. Classes are taught with people from different countries of the world. This institution teaches more than eight languages, being the first in Dominican Republic teaching English, French, Italian, Spanish, German, Greek, Hebrew, Creol and others.

Each language lasts exactly five months. At first, some people liked the idea of teaching and preparing people to speak a language in a short time. Others were unsure because they were used to studying for two years and yet they had difficulty getting a job as a translator. However, many favored the institution as soon as they heard the incredible results from the students. Not only young men and women were interested in studying, but many older people wanted to study one or more languages too.

The class consists of advanced conversations, translations from video, radio and person to person. In the meantime, other institutions have started asking for assistance from CentI International. Now thousands of people have studied at CentI International and they are able to translate simultaneously. Experts in language education have called CentI International one of the best institutions of languages in the world.

Lección doce

¿Qué es CentI International?

Es una nueva idea en relaciones internacionales. Es una clase de ayuda. Una forma para ayudar a Personas que tienen que viajar a diferentes países. Ellos deben aprender como hablar varios idiomas y ellos tienen que hacerlo en un tiempo corto o rápidamente. En cinco meses lo estudiantes son capaces de entender, leer, escribir, y trabajar como un traductor en televisión, lugares turísticos o en una compañía. La clase es enseñada con personas de diferentes países del mundo. Esta institución enseña más de ocho idiomas, siendo la primera en la Republica Dominicana que enseña Inglés, Francés Italiano, Español, Alemán, Griego, Hebreo, Creol y otros más.

Cada idioma dura exactamente cinco meses. Al principio, algunas personas le gustaba la idea de enseñar y preparar persona que hable un idioma en un tiempo corto, pero a otros no, porque ellos estaban acostumbrado a durar dos años estudiando mucho y cuando ellos terminaban no podían conseguir un buen trabajo como traductor. Siempre y cuando, muchos favorecieron la institución tan pronto como ellos oyeron los increíbles resultados de los estudiantes. No-solo jóvenes y mujeres estaban interesados en estudiar. Pero muchas personas más viejas querían estudiar un idioma o más.

La clase consiste en conversaciones avanzada, traducciones en video, radio o de persona apersona. Mientras tanto, otras instituciones han comenzado a pedir asistencia a CentI International. Ahora miles de personas han estudiado en CentI International y ellos son capaces de traducir simultáneamente. Experto en la educación de idioma han llamado a CentI International una de las mejores instituciones de idiomas en el mundo.

Vocabulary

across the road	al otro lado de la calle	may	poder
aid	ayuda	to take off	quitarse
to accept	aceptar	that's why	por eso
abroad	al extranjero	to run away	salir corriendo
application	solicitud	to graduate	graduarse
to appoint	nombrar	meantime	entretanto
an afternoon off	una tarde libre	native	nativo
article	artíco	relation	relación
assistance	asistencia	senate	senado
to take a afternoon off	tomarse una tarde libre	to breathe	respirar
to get well	mejorarse	to emit	emitir
hold on a minute	espere un minuto	to obey	obedecer
hurry	prisa	to appeal	apelar
to be in a hurry	prisa	to charge	cobrar, calgar
to worry	preocuparse	to improve	mejorar
don't worry	no te preocupes	unknown	desconocido
message	mensaje	grownup	adulto
ill	enfermo	polite	cortés
sick	enfermo	recovery	recuperación

Grammar (gramática)

Must, must not mustn't + should Debo, Debes
El auxiliar '**must**' significa '**deber**' solo se usa en presente y
se utiliza para todos los pronombres **sin** el infinitivo '**to**'

Positive	Negative	Interrogative
I must	I mustn't	Must I?
you must	you must not	Must you?

he must	he must not	Must he?
she must	she must not	Must she?
we must	we must not	Must we?
they must	they must not	Must they?

Listen and observe (Escuchary observar)

Development 1

Must you exercise daily?	Yes, I must exercise every day.
Where must she go today?	She must go to the capital to visit her mother.
What must they do now?	They must work now.
What lesson must you study?	I must study lesson twelve.
What days must he go to the school?	He must go to the school on Mondays.
Must the people drive carefully?	Yes, the people must drive carefully.
Must you visit the people at the hospital?	Yes, I must visit people at the hospital.
Must they help the elderly to cross the street?	Yes, they must help the elderly to cross the street.
Must a president help his country?	Yes, a president must help his country.
Must you be honest all the time?	Yes, I must be honest all the time.
What must you do today in the afternoon?	I must charge my car's battery.
Must she obey her parents?	Yes, she must obey her parents.
What language must they study tonight?	They must study the Dutch language.
Must I escape from the daily life once in a while?	Yes, you must escape from the daily life.
At what time must we be at the school?	We must be there at 8:00 a.m.
What must you do for your own country?	I must keep my streets clean.

Must a president be wise to know how to govern?	Yes, a president must be wise to govern.
Must you help me to learn Dutch?	Yes, I must help you to learn Dutch.
For how long must a person study everyday?	A person must study 30 minutes everyday.
Must you take care of your parents?	Yes, I must take care of my parents.
What must you do for the orphans?	I must educate, protect, and take care of them.
Must they be responsible for their duty?	Yes, they must be responsible for their duty.
What must one do to be rich?	I must study, work, be honest, and save money.
Must you work and save money in the bank?	Yes, I must do it for a better future.
How long must you study?	I must study at the university for four years.
Must you eat meat?	No, I must not eat too much meat.
Must you go to bed early?	Yes, I must go to the bed early.

Desarrollo 1

¿Debes tú hacer ejercicio todos los días?	Sí, debo hacer ejercicio todos los días.
¿Dónde debe ella ir hoy?	Ella debe ir al hospital a ver su madre.
¿Qué deben ellos hacer ahora?	Ellos deben trabajar ahora.
¿Qué lección debes estudiar?	Debo estudiar la lección doce.
¿Qué día debe él ir a la escuela?	Él debe ir a la escuela el Lunes y Viernes.
¿Deben las personas manejar con cuidado?	Sí, las personas deben conducir con cuidado.
¿Debes visitar las personas al hospital?	Sí, yo debo visitarlos al hospital.

¿Deben ellos ayudar las personas a cruzar la calle?

Sí, ellos deben ayudar las persona a Cruzar la calle

¿Debe un presidente ayudar su país?

Sí, un presidente debe ayudar su país.

¿Debe usted ser honesto todo el tiempo?

Sí, yo debo ser honesto todo el tiempo.

¿Qué tú debes hacer hoy en la tarde?

Yo debo cargar la batería de mi carro.

¿Debe ella obedecer a sus padres?

Sí, ella debe obedecer a sus padres.

¿Qué idioma deben ellos estudiar esta noche?

Ellos deben estudiar Holandés.

¿Debo yo escapar de la rutina de vez en cuando?

Sí, tú debes escapar de la rutina.

¿A qué hora debemos estar en la escuela?

Debemos estar en la escuela a las 8:00 a.m.

¿Qué tú debes hacer por tu propio país?

Debo cooperar con la limpieza.

¿Debe un presidente ser sabio para gobernar?

Sí, un presidente debe ser sabio para gobernar.

¿Debes ayudarme aprender Holandés?

Sí debo ayudarte aprender Holandés.

¿Por qué tiempo debe una persona estudiar?

Una persona debe estudiar 30 minutos diarios.

¿Debe usted cuidar sus padres?

Sí, debo cuidar mis padres.

¿Qué debes hacer por los huérfanos?

Debo educarlos, protegerlos, y cuidarlos.

¿Deben ellos ser responsables con sus deberes?

Sí, ellos deben ser responsables por con sus deberes.

¿Qué debe uno hacer para ser rico?

Debo estudiar, trabajar, ser honesto, y ahorrar.

¿Debes trabajar, y ahorrar dinero en el banco?

Sí, debo hacerlo por un mejor futuro.

¿Por qué tiempo debes estar estudiando?

Debo estar estudiando en la universidad por 4 años.

¿Debes tú comer demasiada carne?

No, yo no debo comer demasiada carne.

¿Debes ir a la cama temprano?

Sí, debo ir a la cama temprano.

Should

Debo, debe, debes
Se utiliza para forma obligatoria, le sigue el infinitivo sin 'to'

Should you obey the law?

Yes, I should obey the law.

Should you pay your debts?

Yes, I should pay my debts.

Should you respect your parents?

Yes, I should respect my parents.

Should you answer your teacher?

Yes, I should answer my teacher.

Should you pass the test?

Yes, I should pass the test.

Should you rob?

No, I should not rob.

¿Debes tú obedecer la ley?

Sí, debo obedecer la ley.

¿Debes tú pagar tus deudas?

Sí, debo pagar mis deudas.

¿Debe usted respetar a sus padres?

Sí, debo respetar a mis padres.

¿Debe contestar las preguntas de su profesor?

Sí, debo contestar las preguntas de mi profesor?

¿Debes pasar el examen?

Yes, debo pasar el examen.

¿Debes robar?

No, yo no debo robar.

Special class

Saved by an angel

When I was 16, my family moved to a city in Puerto Rico where my brother and sister and I could attend an academy. One Wednesday evening after class, I started toward home, which was just a few blocks from the school. My brother had to come meet me and walk home, but he was chatting with friends, so I started toward home alone.

The street was dark and deserted. As I approached a minimarket near my house, a strange car stopped beside me and a man opened the car door and told me to get in. I pretended I didn't hear him and continued walking. But the man pulled a gun and said, "Get in the car or I'll kill you". Shaking with fear, I cried out for help. I thought I would never see my family again. I looked around, the street was deserted and there was no one who could help me. The man got out of the car to grab me by the arm.

Just then a tall young man in a white shirt appeared beside me. In a firm voice he asked the sinister man by the car.

Angel = "What do you want with my sister?"

Hijacker = "Keep out of this boy, or I'll kill you both."

Women = Then the stranger raised his hand and said.

Angel = "You can kill us, but you will have to face them."

Women = And he pointed to his side. The man jumped back into his car as though he had seen a ghost, and took off, tires squealing on the pavement. I looked around, but I could not see anyone except the young man standing beside me. My rescuer placed his hand on my shoulder and said.

Angle = "The danger is past. Now hurry home."

Women = Suddenly, I realized that I had not thanked the young man for saving my life. I turned to thank him, but he was not there and the street was deserted once again. Some day I want to shake the hand of my angel brother who saved my life.

Salvado por un ángel

Cuando yo tenía 16 años, mis padres se mudaron a una ciudad de Puerto Rico donde mi hermano, mi hermana y yo pudiéramos asistir a una academia.

Un miércoles en la noche después de practicar, yo me dirigía a casa, lo cual estaba sólo a pocas cuadras de la escuela. Mi hermano tenía que venir por mí y llevarme a casa, pero él estaba charlando con amigos, así que yo me dirigí a casa sola.

La calle estaba oscura y desierta. Cuando me acercaba a un minimarket cerca de mi casa, un extraño carro paró a mi lado y un hombre abrió la puerta del carro y me dijo entra. Yo pretendí que no lo escuché y continué caminando. Pero el hombre salió del carro para agarrarme por la mano y dijo.

Asaltante = Entra al carro o te mataré.
Temblando de miedo, grité por ayuda. Pensé que jamás vería mi familia de nuevo. Miré alrededor; la calle estaba desolada; nadie podía ayudarme. Justo entonces un joven alto con camisa blanca apareció a mi lado. Con voz firme le preguntó al siniestro hombre en el carro.
Angel = Qué quieres con mi hermana?
Asaltante = Alejaste de esto (chico), o lo mataré a ambos.
Entonces el extraño levantó su mano y dijo.
Ángel = Tú puedes matarnos, pero tú lo enfrentaras.
Entonces él apuntó a su lado. El hombre saltó por detrás entró a su carro como si él había visto un fantasma, y se quitó, las llantas chillaron sobre el pavimento. Miré alrededor, pero no pude ver a -nadie excepto el joven a mi lado. Mi rescatador colocó su mano sobre mi hombro y dijo.
Ángel = El peligro pasó. Ahora apresúrate a casa.
De repente me di cuenta que no había agradecido al joven que salvó mi vida. Gire para agradecerle, pero él no estaba allí la calle estaba una vez más desierta. Quiero algún día apretar la mano de mi ángel hermano quien salvó mi vida.

Vocabulary

Academy	academia	Darkness	oscuridad
To attend	asistir, cuidar	Angel	ángel
Toward	hacia, dirigirse	No one	nadie
To walk	pasear, caminar	Trembling	tembloroso
Desert	desierto	To race	correr, forma competencia
Minimarket	mini mercado	Rescuer	rescatista
To approach	acercarse	Pavement	pavimento
To pull	halar	To squeal	chillar
To push	empujar	Tire	goma, llanta
Gun	pistola	Ghost	fantasma, espíritu
To shake	temblar	As though	como si
Fear	miedo	To point	apuntar
To appear	aparecer	To face	enfrentar
To disappear	desaparecer	To raise	levantar, resucitar
Beside	al lado	Stranger	extraño
Sinister	siniestro	To keep out	alejarse de

Translate into English

Una computadora básica y sus componentes consisten en datos y dispositivo de entrada, una unidad de

----

procesador central (CPU), almacenamiento externo de información, y un dispositivo de salida.

----

hay muchos diferentes tipos de entrada de datos usado en oficinas. Por ejemplo, un teclado, ratón,

----

monitores, procesador de voz, scanner, lectores de código de barra, y lectura de estatus óptico. El uso más

----

amplio en oficina es el teclado, y el ratón.

Review the part in 'English first' then Continue

Es una nueva idea en relaciones internacionales. Es una clase de ayuda. Una forma para ayudar a

----

Personas que tienen que viajar a diferentes países. Ellos deben aprender como hablar varios idiomas y ellos

----

Tienen que hacerlo en un tiempo corto o rápidamente. En cinco meses el estudiante es capaz de entender,

----

leer, escribir, y trabajar como un traductor en televisión, lugares turísticos o en una compañía. La clase es

----

enseñada con personas de diferentes países del mundo. Esta institución enseña más de ocho idiomas, siendo

----

la primera en la Republica Dominicana que enseña Inglés, Francés Italiano, Español, Alemán, Griego, Hebreo, Creol y otros más.

Importrant questions

1. At night what do you try to do? 2. How do you do it? 3. What does your mother mean when she says she is going to stop? 4. Can you go to a party tonight? 5. Can you describe a restaurant? 6. Did you finally get a job? 7. When did you get it? 8. Who helped you to find it? 9. Did you work as a teacher in your community? 10. Was your father working in the hospital as a doctor?

Prefix – prefijo

Un prefijo es una silaba unida al inicio de una palabra lo cual cambia su significado original de esta palambra dandole otro significado.

1. **OVER**: denota la idea de exageración

To overeat	Hartarse	To overlook	Pasar por alto
To overpay	Pagar demasiado	To overwork	Tarbajar demasiado
To overcharge	Sobrecargar	To overspeak	Hablar de más
To overfill	Sobrellenar	To overcook	Cocinar demasiado

2. **DIS. Lo opuesto**

Disability	Discapacidad	Disable	Inválido
To disagree	No estar de acuerdo	disagreement	Desacuerdo
To disappear	Desaparecer	To disappoint	Decepcionar
To disarm	Desarmar	disaster	Desastre
To discolor	Decolorar	To disconnect	Desconectar
To dishonor	Deshonrar	disgrace	Desgracia
To discover	Descubrir	To disfavor	Desaprobar
Dislike	Disgusto	disposition	Disposición

OUT. Denota la idea 'fuera'

Outdoor	Fuera de casa	Outlaw	Bandido
Outside	exterior	Output	Producir
Outlive	sobrevivir	Outbreak	Brote. De una enfermedad

CHAPTER THIRTEEN
Capitulo trece

To escape from daily life

People have to escape from daily life once in a while. Last winter, I went to the Rocky Mountains, in Colorado. I didn't want to go alone. I invited my friends Heather and my brother-in-law Christopher. It was very cold and snowy. We didn't walk there. My father let me borrow his car, with the condition that I had to take care of it.

As soon as we arrived we decided to ski. We really are very fond of skiing. We received a ski class from a good skier Don Kerns. We spent three hours skiing, and there we also met some friends from Nebraska. They told us that it was their first time skiing and they enjoyed it very much.

It was a really nice experience. Now we are arranging to meet each other once again. We are going to invite some friends of ours to visit this nice and peaceful place. On our way back home from this restful mountain, we stopped in a vegetarian restaurant named "Heavenly Food". The restaurant serves fresh fruit, and it has a special service for the customers.

The restaurant owner gave us a partner card in which we can go and eat when we would like for a special discount price. Now we are back at home and our parents welcome us with a nice party.

To be continued

Escapar de la rutina

Las personas tienen que escapar de lo cotidiano debes en cuando. El invierno pasado fuí a Rocky Mountains. No preferí ir solo. Invité a mi amiga Heather y mi cuñado Christopher. Estaba muy frio y nevado. No caminamos hasta allí. Mi padre me presto su carro. Con la condición que tenia que cuidarlo. Tan pronto como llegamos allí decidimos esquiar.

Realmente somos aficionados a esquiar. Recivimos clase de esquiar con un buen esquiador Don Kerns Pasamos tres horas esquiando y allí también conocimos algunos amigos de Nebraska. Ellos nos confesaron que esta fue su primera vez esquiando y a ellos le gustaron mucho.

Esta fué una experiencia realmente agradable. Ahora estamos planeando reunirnos una vez más. Nosotros bamos a invitar algunos amigos nuestros para que visiten este agradable y pacífico lugar. En nuestro regreso a casa de esta relajante montaña nosotros nos detubimos en un restaurante vegetariano llamado "alimento celestial". El restaurante sirve frutas frescas, y este tiene un servicio especial para sus consumidores.

El propietario del restaurante nos dió una tarjeta de socio en la cual podemos ir y comer cuando preferamos por un precio especial. Ahora estamos en casa y nuestros padres nos recivieron con una hermosa fiesta.

Vocabulary

To escape = escapar
To let = permitir
To ski = esquiar
To be fond of = ser aficionado a
To receive = recivir
To enjoy = disfrutar
To arrange = arreglar
To welcome = dar la bienvenida
To serve = servir
To confess = confesar
To replace = reemplazar
Daily life = cotidiano
Once in a while = entretanto
Brother in law = cuñado
Sister in law = cuñada
Sit = sentarse

Customer = cliente
Price = precio
Peaceful = pacífico
Restful = relajante
Last week = la semana pasada
Skiing = esquiación
Owner = propietario
Partner card = carnet de socio
Seaside = playa
Pool = billar
Well = poso, bien
Nearby = cercano
Place = lugar
To get away = alejarse
To cut = cortar

GRAMMAR (Gramática)

Did, Didn't

En Español el pretérito imperfecto e indicativo de los verbos regulares es "**DID**" y su negativo es "**DID NOT**" o "**DIDN'T**". En Inglés es llamado "**past simple**".

Para hacer el pasado de los verbos regulares en forma pasitiva se construye añadiendo (**ed**) a la forma infinitiva sin 'to' para el verbo que termina en '**y**' esta cambia por '**i**' más '**ed**' si esta no está acompañada de otra vocal.

You confessed	tu confesaste	she fished	ella terminó
He, she confessed	él, ella confesó	we rented	nosotros alquilamos
We I confessed	yo confesé	I studied	yo estudié
Confessed	nosotros cofesamos	they started	ellos comenzaron
They confessed	ellos confesaron	they decided	ellos decidieron

Algunos verbos doblan la consonante en past simple.

Examples:

I stopped	yo paré o paraba.
She preferred	ella prefirió o prefería.

Listen and observe (Escuchar y observar)

Positive

I worked last month.	Yo trabajé el mes pasado.
I enjoyed the music.	Yo disfruté la musica.
She missed my mother.	Ella estrañó mi madre.
They started to study Italian.	Ellos comenzaron a estudiar Italiano.
We wanted to learn Italian last month.	Nosotros queriamos aprender Italiano el mes pasado.

Negative

I did not serve the table.	Yo no serví la mesa.
She didn't cook yesterday.	Ella no cocinó ayer.
He replaced his brother in the company.	Él reemplasó a su hermano en la compañia.
We didn't receive the money on time.	Nosotros no recivimos el dinero a tiempo.
They did not let me eat very much.	Ellos no me permitieron comer mucho.

Questions	Answers
Did you visit the hospital?	Yes, I visited the hospital.
Did they speak to you?	Yes, they spoke to me.
Did she travel to Hawaii?	No, she didn't travel to Hawaii.
Where did you go yesterday?	I went to my brother's house.
What did he eat last night?	He ate shrimp with green salad.

¿Visitaste el hospital?	Sí, yo visité el hospital.
¿Hablaron ellos con usted?	Sí, ellos hablaron con migo.
¿Viajó ella a Hawaii?	No, ella no viajó a Hawaii.
¿Dónde fuíste ayer?	Yo fuí a la casa de mi hermano.
¿Qué comió él anoche?	Él comió camarones y ensalada.

Grammar (Gramatica)

Possessive pronouns-pronombres posesivos

Los pronombres posesivos se usan en lugar de un nombre que indique el poseedor de una cosa. Estos pronombres se usan sin el articulo **the**.

Examples:

One of mine	uno mío.	Many of mine	muchos mío.
Two of mine	dos mío	One of hers	uno de ella.
Some of mine	algunos mío.	Five of his	cinco de ustedes.

None of mine	ninguno mío.	Many of yours	muchos de ustedes.
		None of them	ninguno de ellos

Yours	tuyo, suyo, el tuyo, los suyos…Etc.
Mine	mío, el mío, los míos, las mías..Etc.
His	de él, los de él, las de él…Etc.
Hers	de ella, el de ella, las d ella…Etc.
Ours	el nuestro, los nuestros, las nuestras..Etc.
Theirs	de ellos, los de ellos, las de ellas…Etc.

Para traducir 'un amigo mío', 'una prima de él', cuando usamos un nombre de amigo o de familia utilizamos 'A' 'un', 'una' en Inglés. A friend of mine, a sister of yours, pero si hablamos de un objeto utilizamos '**ONE**' one book of hers, one pet of theirs, one car of my father, one computer of my wife. Etc.

That book is mine = Este libro es mío.

These pencils are hers = estos lapices son de ella.

That table is his = esa meas es de él.

Those books are yours = estos libros son suyos

This purse is hers = esta pulse es de ella.

The apples are also yours and mine = las manzanas son tuyas y mías.

This car is hers and ours too = esta carro es de ella y mío.

That message is theirs = ese mensaje es de ellos

Listen and observe (escuchar y observar)

Development 1

How long ago did you receive the invitation?
Does she always swing the baby to sleep?
Did he feel a pain when he picked the heavy book?
How long ago did your sister write this book?
How long ago did she meet her teacher?
Did they have doubts about the teacher's class?

Did she go to the seaside yesterday?
What seaside did he visit yesterday?
Did you travel around your own country?
At what time did she see the report?
Did you hurt yourself going up the stairs?
Did they charge you five dollars for the book that you bought?
Did you climb the mountain La Isabela in Santo Domingo?
Did I ask you to help me?
Did she speak to my mother about the trip to Sosua?
Did the Principal of CentII help you to learn two languages?
How long ago did he start to study German?
Did my father invite you to Cabarete Sosua last night?
When did she first visit New York?
When did your mother last visit Nebraska?

¿Qué tiempo hace que tú resiviste la invitación?
¿Durmió ella siempre el niño meciendolo?
¿Sintió él un dolor cuándo él recogió el libro pesado?
¿Qué tiempo hace que tu hermana escribió este libro?
¿Qué tiempo hace que ella conoció su profesor?
¿Dudaron ellos acerca de la clase del profesor?
¿Fué ella a la playa ayer?

¿Qué playa ella visitó ayer?
¿Viajó usted por todo su país?
¿A que hora vió ella el reportaje?
¿Te heriste subiendo las escaleras?
¿Te cobraron 5 dolares por el libro que compraste?
¿Trepaste la montaña la Isabela en Santo Domingo?
¿Te pedí yo que me ayudara?
¿Habló ella con mi madre acerca del viaje a Sosua?
¿Te ayudó el director de CentII a aprender dos idiomas?
¿Qué tiempo hace que él empezó a estudiar Alemán?
¿Te invitó mi padre a Cabarete Sosua anoche?
¿Cuándo ella por primera vez visitó nueva York?
¿Cuándo tu madre por última vez visitó Nebraska?

SPECIAL CLASS

Computer components

1- A basic computer and its components consist of data and input devices, a central processing unit (CPU), external storage of information, and output devices.

2- There are many different types of input devices used in offices. For example, a keyboard, monitors, mouse, voice processing, scanners, bar code readers and optical charter readers. The most widely used in offices are the keyboard and the mouse.

The difference between read only memory (ROM) and Random Access Memory (RAM) is that read only memory (ROM) is used when the computer is first turned on and is permanently recorded into the memory. Random access memory (RAM) is used in programs and applications and remembers only current data being used. When the computer is shut off the RAM is erased.

The three types of storage media include optical disk or laser disk, CD-rewriteable (CD-RW), and cartridge-based storage.

The function of the operating system software is to give instructions to the computer. An example of operating system software is Windows 98. It tells the computer how to run and what programs/applications the user wants to use.

The difference between operating system software and application software is the operating system software gives instructions to the computer. The application software has specific instructions that it must complete. An example is Microsoft Word. When you use this program the application software gives specific instructions on how the program is to run.

3- The difference between hardware and software is hardware is the physical part of the computer. Software is the program used to operate the computer.

The computer has placed a premium on accuracy because the data the computer receives is only what the operator puts into the computer. It is also easy to make corrections if mistakes are made.

Vocabulary

component	componente	memory	memoria
imput	entrada	ROM=read only memory	memoria de solo lectura
device	dispositivo, aparato	RAM=random access memory	memoria de acceso alea
to process	procesar	to access	acceder
external	externo, exterior	to turn	encender
storage	almacenamiento	permanently	permanentemente
output	producción, salida,	program	programa
keyboard	teclado	current	electrotecnia corriente
monitor	monitor	data	datos
scanner	escáner	to shut off	apagar
bar	barra	to erase	barrar
code	código	to include	incluir
reader	lector	media	medio de comunicación
optical	óptico	to associate	asociar
charter	estatutos, constitución	to transfer	transferir
widely	abiertamente	lap top	computadora portátil
connection	conexión	laser	láser
accessible	accesible, asequible	rewriteable	rescribible
disk	disco	cartridge	cartucho

Componentes de una computadora

1- Una computadora básica y sus componentes consisten en datos y dispositivo de entrada, una unidad de procesador central (CPU), almacenamiento externo de información, y un dispositivo de salida.

2- Hay muchos diferentes tipos de entrada de datos usado en oficinas. Por ejemplo, un teclado, monitores, ratón, procesador de voz, scanner, lectores de código de barra, y lectura de estatus óptico. El uso más amplio en oficina es el teclado, y el ratón.

La diferencia entre leer sólo memoria (ROM) y (RAM) acceso de memoria (ROM) es que lee sólo memoria (ROM) es usado cuando la computadora está primero encendida y está permanentemente gravando dentro de la memoria. Random acceso de memoria (RAM) es usado en programas y aplicaciones la cual sólo recuerda corriente de datos que están siendo usado. Cuando la computadora está apagada el RAM es borrado. Hay tipos de almacenamiento media incluye disco óptico o disco láser, CD rescribible (CD-RW), y cartucho basado en almacenamiento.

La función del software sistema operativo es para dar instrucciones a la computadora. Un ejemplo del software sistema operativo es Windows 98. este le dice a la computadora como correr y cuales programas de aplicaciones el usuario quiere usar.

La diferencia entre el software del sistema operativo y la aplicación del software es que el software del sistema operativo da instrucciones a la computadora. La aplicación software tiene específica instrucción que esta debe completar. Un ejemplo es 'Microsoft Word' cuando usted usa este programa la aplicación software da específica instrucciones sobre como el programa es corrido.

> La diferencia entre hardware y software es que hardware es la parte física de la computadora. Software es el programa usado para operar la computadora.

3- La computadora se ha colocado en primicia en precisión porque la computadora recibe solamente lo que el operador pone dentro de la computadora. Esto es también fácil de hacer correcciones si los errores son hechos.

Do you know how to repair a computer?
What is the difference between ROM and RAM?
What is the function of the operating system?
What is the difference between hardware and software?
Do you always check the connection in your house?
What is the most common problem with your computer?
¿Sabes cómo reparar una computadora?
¿Cuál es la diferencia entre ROM y RAM?
¿Cuál es la función del sistema operativo?
¿Cuál es la diferencia entre hardware y software?
¿Siempre chequea la conexión en tu casa?
¿Cuál es el problema más común con tu computadora?

Special class

Business through companies

We have received the merchandise that you returned to our company. As our policy guarantee, we will be sending you the following items: One Maine guide shirt, and one pair of whipcord trousers. You should receive these items in 3-5 business days from UPS. If you have any questions please feel free to contact me at (809) 288 3734.

Enclosed you will also find our newest catalog with our new fall clothes. I have highlighted similar types of shirts and pants which are machine washable. The clothes that you returned are dry clean only; however, if you decide that you would prefer machine washable clothing instead of the dry clean only, then please return the items. We will give you in store credit to apply towards the item(s) of your choice.

Negocios entre companias

Nosotros recibimos la mercancia que usted le devolvió a nuestra compañía. Como su política de garantia, nosotros estaremos embiandole los siguientes artículos: una primicia de guía de camisa, y un part de pantalones engomados. Usted por seguro recivirás estos artículos en 3-5 días de negociode UPS. Si usted tiene algunas preguntas por favor sientase libre de contactarnos al (809)288 3734.

Incluso usted encontrarás nuestro catalogo más reciente con nuestras nuevas ropas de otoño. Yo he destacado similares tipos de camisas y pantalones las cuales son lavables en labadora. La prenda que usted devolvó son solamente labado al bapor; sin embargo, si usted decide que preferiría las lavables en maquina de lavar envez del lavado a bapor solamente, entonces debuelvanos los artículos. Le daremos credito de tienda para que más adelante se supla de los artículos que usted elija.

Vocabulary

cloth	Ropa	Pants	pantalones
Socks	Calsoncillos, medias	Blouse	Blusa
t-shirt	Franela	Dress	Vestido
Short	Pantalones cortos	shirt	Camisa
Shoes	Zapatos	Lace = s	Lazo
Underwear	Ropa interior	Swimsuit	Traje de baño
Pocket	Bolsillo	Tennishoes	Tenis
Trousers	Pantalones	Jeans	Jeans
Panty	Panti	Bra	Brasieles
Belt	Correa	hat	Sombrero
Merchandise	Mercancia	policy	Política
Item	Artículo	Guide	Guia
Main	Primcipal	Pair	Par
catalog	Catalogo	to highlight	destacar

Machine	Maquina	Washable	Lavable
choice	Elección	encluse	incluso
dry	Seco	wet	Umedo

Development 1

For what company do you work?	I work for a clothes store.
What are you going to wear this winter?	I am going to wear a coat.
Where did you buy your summer clothes?	I gought them in a summer clothes store in DR.
Must you wear formal in your copmany?	Yes, I must wear very formal clothes
Are you the representative of your company?	No, I'm not the representative for my company
Are your clothes washable or dry clean?	My clothes are dry clean.

Desarrollo 1

¿Para que comañía trabajas?	Trabajo para una tienda de ropas.
¿Qué bas a vestir este invierno?	Voy a vestirme con un abrigo.
¿Dóde compraste tus ropas de verano?	Las cmpré en una tienda de ropas de verano en la RD.
¿Debes vestirse formal en su compañía?	Si, debo vestirme muy formal para mi compañía.
¿Eres el representante de tu compañía?	No. Yo no soy el representante de mi compañía.
Son tus ropas lavables o lavada al bapor?	Mis ropas son lavadas al bapor.

PREFIX – prefijo

TRANS: traduce 'trans' generalmente

CHAPTER FOURTEEN
Capitulo catorce

How to become a translator

About fifteen days ago, "CentI International" closed for vacation. Many of the students went home, but Ventura stayed in town with a friend.

Now CentI International has opened again.

Ventura:	Hi, Shan! Did you have a good time?
Shan:	Yes, I did. I stayed here with my friend. How about you? Tell me about it?
Ventura:	I went home and I also filled out a CentII translator application.
Shan:	When did you decide to be a translator?
Ventura:	I was at home watching television when I saw an advertisement that said, "We need a Spanish translator to work in an important company."
Shan:	CentI International helps a lot of people to be translators. Doesn't it?
Ventura:	Yes, it does. When did you first find out about it?
Shan:	A friend of my father's, Colonel Jackson visited us last summer. He's working in the White House as a Spanish translator. He also recommended that I study at CentII.
Ventura:	Had he been studying an advanced Spanish class?
Shan:	Yes, he said he'd been studying for five months.
Ventura:	He probably had learned to speak properly and fluently, hadn't he?
Shan:	Yes, and he is able to use it in his work.
Ventura:	I heard that by next month he would be teaching a senator.
Shan:	As I always have told you," Practice makes perfect."
Ventura:	Then I hope CentI International will accept you soon.
Shan:	I am sure that I will receive special training there.
Ventura:	Can a person get a job before he finishes?

Shan:	I think it's possible, but if I were you, I'd finish first.
Ventura:	Will they teach you different technical words so you could work in any company?
Shan:	Yes, they will do that. I will do my best to speak well and no matter what I study it will be beneficial for me.

Lección Catorce

Cómo ser un traductor.

Hace aproximadamente quince días. "CentI International" cerró por vacaciones. Muchos de los estudiantes fueron a casa. Pero Ventura no. Él se quedó en la ciudad con su amigo Ventura. Ahora CentI International ha habieto de nuevo.

Ventura:	Hola, Shan. Te divertiste?
Shan:	Sí, medivertí. Yo permanací aquí con mi amigo. Dime y tú?
Ventura:	Yo fuí a casa y llené una solicitud de CentI International.
Shan:	¿Cuándo decidiste ser un traductor?
Ventura:	Yo estaba en casa viendo la television cuando ví un comercial que decía "necesitamos un traductor de Español para trabajar en una compañia muy importante".
Shan:	CentI International ayuda muchas personas para que a ser traductores. No es verdad?
Ventura:	Sí, es verdad. ¿Cuándo fue la primera vez que te diste cuenta de esto?
Shan:	Un amigo de mi padre el coronel Jackson. Él nos visitó el verano pasado y él está trabajando para la Casa Blanca como traductor de Español. Él también me recomendó que estudiara en CentI.
Ventura:	Habia él estado estudiando clase avanzada de Español?
Shan:	Sí, él dijo que había estado estudiando por cinco meses.
Ventura:	Él probablemente habia aprendido hablar claro y fluidamente. No es verdad?
Shan:	Sí, y él puede usarlo en su trabajo.

Ventura: Y yo oí que para el proximo mes él estaria enseñando a la Reina de Inglaterra.

Shan: Como siempre te he dicho "practica hace la perfección".

Ventura: Entonces espero que CentI International te acepte pronto.

Shan: Estoy seguro que reciviré un entrenamiento especial allí.

Ventura: Puede una persona conseguir un trabajo antes de terminar?

Shan: Pienso que es posible, pero si yo fuera tú yo terminaria primero.

Ventura: Te enseñaran diferente tipo de palabras para que tú puedas trabajar en cualquier compañia?

Shan: Sí, lo haran. Yo haré todo de mi parte para hablarlo bien y no importa lo que yo estudie esto será benéfico para mi.

Vocabulary

to close = cerrar

to try = tratar

to find out = aberiguar

to visit = visitar

to receive = recibir

to train = entrenar

to accept = aceptar

to see = ver

to emit = emitir

to retire = retirar

to fill with = llenar de

to propose = proponer

to defeat = derrotar

to judge = juzgar

sure = asegurar

sort of = clase de, tipo de

no matter = no importa

also = también

application = solicitud

important = importante

company = compañia

colonel = coronel

perfect = perfecto

always = siempre

pulse = pulso, precion

sensible = sensible

orphan = huerfano

beneficial = beneficial

pass key = llave maestra

outcome = resultado

bankrupt = quebrado, sin fondo

field = terreno, campo, cancha

Development 1

I worked very hard yesterday, didn't I?

Desarrollo 1

Yo travejé mucho ayer. No es verdad?

She saw her mother in the church, didn't she?	Ella vió su madre in la iglesia. No es verdad?
We went to the seaside, didn't we?	Nosotros fuimos a la playa. No es verdad?
Mary had to study German, didn't she?	Mary tuvo que estudiar Alemán. No es verdad?
They filled the tank with water, didn't they?	Ellos llenaron el tanque de agua. No es verdad?
The lawyer judged the thieves, didn't he?	El abogado juzgó a los ladrones. No es verdad?
Don charged me ninety-nine dollars, didn't he?	Don me cobró 99 dollares. No es verdad?
I didn't see Mary in the church, did I?	Yo no ví a Mary en la iglesia. Verad?
I didn't retrieve money from the bank, did I?	Yo no retiré el dinero del banco. Verad?
Ventura and Shan didn't run away, did they?	Ventura y Shan no se fueron corriendo. Verdad?
Christopher didn't drive off, did he?	Christopher no se fue manejando. Verdad?
I didn't visit her last night, did I?	Yo no la visité anoche. Verdad?
We didn't cook in your house, did we?	Nosotros no cocinamos en tu casa. Verdad?

So tan– Adjectivo – That que -Adverbio

Listen and observe (escuchar y observar)

Development 2

Yesterday it was so hot that I decided to take a bath.

She was so tired that she had to go to bed early.

They are so busy that they can't work in the other company.

He is so muscular that Channel 5 hired him to be a model.

She is so beautiful that CentII hired her to be their representative.

Shan worked so hard that CentII paid her two thousand dollars extra.
The English language is so easy that everybody wants to study it.
The German language is so difficult that you will need my help.

Condiciones Con Auxiliares de modol. Cómo expresar (también) en Inglés.

Development 3

She is intelligent.	Ella es inteligente.
So am I.	Yo también.
I am strong.	Yo soy fuerte.
So is he.	Tú también
They are tall.	Ellos son altos
So am I.	Yo también.
My sister is nice.	Mi hermana es agradable.
So am I.	La mía también.
Your sisters are nice.	Mis hermanas son agradables.
So are mine.	Las mías también.
Your parents are good.	Tus padres son buenos.
So are mine.	Los míos también.
You are working.	Tú estás trabajando.
So am I.	Yo también.
They like to study.	A ellos les gusta estudiar.
So do I.	A mí también.
She likes to dance.	A ella le gusta bailar.
So does he.	A él también.
Her father studies inCentII.	Su padre estudia en CentII.
So does mine.	El mío también.
You can speak French.	Tú puedes hablar francés.
So can I.	Yo también.
Your mother can speak Greek.	Tu madre puede hablar Griego.
So can mine.	La mía también.
They could work here.	Ellos podrían trabajar aquí.
So could my father.	Mí padre también.
We must visit the hospital.	Nosotros debemos visitar el hospital.

So must the president.	El presidente también.
She was in Miami.	Ella estaba en Miami.
So was I.	Yo también.
I was working very hard.	Yo estaba trabajando mucho.
So were they.	Ellos también.
Mary's sister was climbing the mountain.	La hermana de Marí estaba trepando.
So was mine.	La mía también.
She preferred to walk.	Ella prefirió caminar.
So did I.	Yo también.
his brother watered the flowers.	Mi Hermano regó las flores.
So did mine.	El mío también.
She will go to Colorado.	Ella iría a Colorado.
So will I.	Yo también.
They will visit Denver.	Ellos visitarían Denver.
So will she.	Ella también.
You will work in the White House.	Tú trabajarás en la Casa Blanca.
So will I.	Yo también.
His uncle will go to the Rocky Mountains.	Su tio irá a Rocky Mountains.
So will mine.	El mío también.
We will improve the English language.	Nosotros mejoraremos inglés.
So will you.	Tú también.

Development 4

Translate into English (tradusca al Inglés)

Estaba muy frío y nevado.

Tan pronto cómo llegamos decidimos esquiar.

Realmente somos aficionado a esquiar.

Esta fue una experiencia realmente agradable.

Yo paré de trabajar ayer.

Yo no serví la mesa anoche.

Ellos me permitieron comer mucho.

Ella visitó el hospital con su padre.

¿Fuiste tú a la playa ayer?

¿A qué hora trabajaste ayer?

¿Cuándo decidiste ser un traductor?

¿Ayuda CentII a muchas personas?

¿Qué idioma estuiaste el año pasado?

¿Dónde fuiste ayer en la mañana?

Estoy seguro que resiviré un buen entrenamiento.

Pienso que ella estudió Griego.

Yo haré todo mi parte para hablar bien.

Ella no trabajó aquí ayer.

Mary tuvo que viajar a Miami.

El abogado juzgó a los ladrones.

Las personas tienen que escapar de lo cotidiano debes en cuando. El invierno pasado fuí a Rocky Mountains.

No preferí ir solo. Invité a mi amiga Heather y mi cuñado Christopher. Estaba muy frío y nevado. No caminamos hasta

----

allí. Mi padre me presto su carro. Con la condición que tenía que cuidarlo. Tan pronto como llegamos allí decidimos

----

esquiar. Realmente somos aficionado a esquiar. Recivimos clase de esquiar con un buen esquiador Don Ker.

Pasamos tres horas esquiando y allí también conocimos algunos amigos de Nebraska. Ellos nos confesaron que esta fue

----

su primera vez esquiando y ellos le gusto mucho.

Esta fué una experiencia realmente agradable. Ahora estamos planeando reunirnos una vez más. nosotros

----

bamos a invitar algunos amigos nuestros para que visiten este agradable y pacífico lugar.

Special class

Applying For Employment

I am writing regarding the Office Assistant/Receptionist position that was advertised in the Loveland Reporter Herald, on July 5, 2001. I have experience in the following areas: multi-phone line, Word, and Excel. I have great customer service skills, which I obtained while working at A Taste of the South- Brother Vel's B-B-Q and Front Range Community College. These experiences have enabled me to interact with the public and handle difficult situations. Enclosed is a copy of my resume. I am currently attending Front Range Community College, and I am pursuing an Associate of Applied Science degree in Business Technologies and a Certificate in Accounting. While taking classes at Front Range Community College, I have taken the following classes: Excel, Word, Access, PowerPoint, Business, English, and math. I feel that these classes have given me the experience to succeed in the workplace. I am looking forward to talking with you in detail about my experience and discussing ways that I can help your company succeed in the future. I will give you a call next week to set up a time to meet with you.

Sincerely

Shannon Benitez

Buscando un empleo

Me dirijo con respecto a la asistente de oficina para la posición de recepcionssta que fue anunciado en el periodico el Heraldo de Colorado, el 5 de julio de 200. Tengo experiencia en las siguientes areas: telefóno multilíneas, word, and excel. Tengo gran desarrollo en servicio al cliente, lo cual obtube mientras trabajaba en el 'sabor del sur-hermanos vel's B-B-Q y en el colegio comunitario Front Rage. Estas experiencias me han enseñado a interactual con el público y manejar difíciles situaciones. Incluyo una copia de mi resumen.

Actualmente asisto al colegio comunitario Front Range. Y obtendré una solicitud de ciencia y grados en tegnoligia de negocio y un certificado en contabilidad. Mientras tomo clase en el colegio comunitario Front Range he tomado las siguientes clases: Excel, Word, Access, Power Point, negocio, Inglés, y matemática. Siento que esas clases me han dado la experiencia para tener éxito en lugares de trabajo.

Espero en el futuro poder hablar con usted detalladamente acerca de mi experiencia y discutir las formas en las cuales yo pueda ayudar su compañía tener éxito en el futuro. Le llamaré la próxima semana para establecer la hora en que me reuniré con usted.

Vocabulary

Regarding	Con respecto a	Assistant	Asistente
Receptionist	Recepcionista	To obtain	Obtener
Position	Posición	Community	Comunidad
Advertising	Anuncio	To taste	Saborear
Skill	Desarrollo, avilidad	To interact	Interactuar
Experience	Experiencia	Enable	Permitir, facultar
Following	Siguiente	Public	Publico
Area	Area	To handle	Llevar a cabo, agarrar
Resume	Resumen	To enclose	Incluir
Currently	Actualmente	To associete	Asociar
To pursue	Perseguir	Degree	Grado
Accounting	Contabilidad	To succee	Dar exito
Technology	Tecnología	Certificate	Certificado
workplace	Lugar de trabajo	To discuss	Discutir
forward	Hacia delante	Detail	Detalle
To set up	Fijar, establecer	Sincerely	Sinceramente

Development 2

How did you get your jod?	Through one advertising.
Did you have to apply for it or a friend got you one?	I had to applie for it.
What is your skill?	I have a great skill in languages and math.
Was it difficult for you to get a job?	Yes, it was difficult to get a job.
Are you currently applying for employment?	Yes, I am currently applying for a job.
Did you have an interview?	Yes, I had an interview.
Where did you obtain your experience?	While I was working in a hotel as a translator.
Are you able to interact with the public?	Yes, I am able to interact with the public.

CHAPTER FIFTEEN
Capitulo quince

A nice evening

Heather Priest is now a secretary for an advanced language institute called "CentI International" in Washington, D.C. She doesn't have many friends there yet because she has just arrived from Loveland, Colorado. She has met Johnny Williams, a rich young man who is studying German.

One Sunday morning, Heather was in her large beautiful apartment reviewing a cookbook when suddenly her cell phone rang.

Heather: Hello, Heather speaking.
Johnny: Hello, this is Johnny. Do you remember me? I am studying German where you're working.
Heather: Yes, of course. I remember you. How do you do?

Johnny:	Oh, I am fine. I was wondering if you'd like to have dinner Friday night?
Heather:	Oh, yes. I would like that. I don't have plans for Friday night. But what restaurant?
Johnny:	Do you know the Heavenly Food restaurant?
Heather:	Not very well, but my boss was talking to me about it. He says it's a vegetarian restaurant, and it's specially for VIP and they serve excellent national and international dishes.
Johnny:	What do you think about it?
Heather:	I'd really like to go. I've heard they are excellent cooks.
Johnny:	At what time should I pick you up?
Heather:	You should come at seven-thirty because I wouldn't want to be out late at night. Do you agree?
Johnny:	Yes, I think so. The traffic may be heavy when it's very late at night. We'd better take a taxi, and then I won't have to park a car.
Heather:	I should come back by 12:15 a.m. I must get up early.
Johnny:	I'll see you Friday evening. Good-bye.
Heather:	Good-bye.

To be continued

Lección quince

Una noche agradable

Heather Priest es ahora una secretaria para una institución privada de idioma "CentI International" en Washington D.C. ella no tiene muchos amigos allí todavía porque ella acabó de llegar de Loveland, Colorado. Ella ha conocido a Johnny Williams un joven rico que está estudiando Alemán. Un Domingo en la mañana, Heather estaba en su hermoso apartamento revisando un libro de cocina cuándo repentinamente su celular sonó.

Heather:	Hola, Heather habla.
Johnny:	Hola, este es Johnny. ¿Te acuerda de mí? Yo estoy estudiando dónde tú estás trabajando.
Heather:	Sí, por supuesto. Me acuerdo de ti. ¿Cómo estás?

Johnny:	Oh, estoy bien .¿Quisiera saber si te gustaría cenar este viernes en la noche?
Heather:	Oh, sí, me gustaría. No tengo planes para el viernes en la noche. ¿Pero cuál restaurante?
Johnny:	¿Cónoces el restaurante alimento celestial?
Heather:	No muy bien, pero mi jefe me habló de este. Él dice que es un restaurante vegetariano, y es especialmente para personas muy importantes.
Johnny:	¿Qué tú piensas de ésto?
Heather:	Realmente me gustaría ir. Yo he escuchado que ellos son excelentes cocineros.
Johnny:	¿A qué hora podría pasar por tí?
Heather:	Mejor sería que venga a las siete y media porque no me gustaría llegar tarde para una noche fuera de la ciudad. ¿Estás deacuerdo?
Johnny:	Sí, creo que sí. El tráfico puede estar pesado cuándo es muy tarde en la noche. Mejor sería que tomemos un taxi, de ese modo yo no tengo que parquear.
Heather:	Yo debo regresar a las doce y quince p.m. Debo levantarme temprano.
Johnny:	Te veré el viernes en la noche. Adios.
Heather:	Adios.

continuará

Vocabulary

to advance = avanzar

language = idioma

yet = todavía

to review = repasar

of course = por supuesto

Wondering = querer saber

to plan = planear

would = terminación ría en español

boss = jefe

VIP = persona muy importante

to stand up = pararse

to take action = entrar en acción

meanwhile = mientras tanto

bakery = panaderia

trade = negocio

ink = tinta

useful = útil

to sweat = sudar

cheap = barato

catholic = católico

to serve = servir	to disturb = perturbar
excellent = excelente	to tolerate = tolerar
should = debería	to fit = care
to hear = oír	to reply to = contestar, responder
to pick up = coger, recoger	to decline = declinar
How do you do? = ¿cómo estás?, encantado	ought to = deber
traffic = tráfico	have better = mejor sería que

Listen and observe (escuche y observe)

Questions	**Answers**
Preguntas	Respuestas
Would you like to go to Miami?	Yes, I would like to go to Miami.
What would you like to eat tonight?	I'd like to eat shrimp cocktail.
Where would you spend your honeymoon?	I'd spend my honeymoon in Spain.
In what school would she like to study?	She would like to study in CentII.
Would they eat here if I invited them?	No, they wouldn't eat here if you invited them.
When would she like to come back?	She would like to come back next week.
Would she spend her life with me?	Yes, she would spend her life with you.
Would he like to climb the mountain?	Yes, he would like to climb the mountain.
Would they serve the table for us?	No, they wouldn't serve the table for us.
Preguntas	Respuestas
¿Te gustaría ir a Miami?	Sí, me gustaría ir a Miami.
¿Qué te gustaría comer esta noche?	Me gustaría comer camarones.
¿Dónde pasarías tu luna de miel?	Pasaría mi luna de miel en España.

¿En cuál escuela a ella le gustaría estudiar?	A ella le gustaría estudiar en CentII.
¿Comerían ellos aquí si yo los invito?	No, ellos no comerían aquí si yo los invito.
¿Cuándo a ella le gustaría regresar?	A ella le gustaría regresar la proxima samana.
¿Pasaría ella su vida conmigo?	Sí, ella pasaría su vida contigo.
¿No le gustaría a él trepar la montaña?	Sí, a él le gustaría trepar la montaña.
¿Servirían ellos la mesa por nosotros?	No, ellos no servirían la mesa por nosotros.

Grammar (gramática)

Would + sin el infinitivo 'to' da ternminación (**ría**) en Español

En la traducciones de los verbos en que terminen en 'ría' condicional o post pretérito en una acción presente o futura se usa mayormente el auxiliar **WOULD**, y su negativo **WOULDN'T** o **WOULD NOT**, para todos los pronombres personales o sujetos.

I would visit my mother tomorrow.	I wouldn't do that again in my whole life.
She would help me to learn Spanish.	She wouldn't help me to learn French.
He would join the army.	He wouldn't join the navy.
You would like to be in Washington.	You wouldn't like to be in Detroit.
They would bring enough food for the babies.	They wouldn't bring breads for them.
We would teach you on Tuesdays.	We wouldn't teach you Greek on Mondays.
Yo visitaría mi madre mañana.	Yo no haría eso de nuevo en toda mi vida.
Ella me ayudaría a aprender Español.	Ella no me ayudaría a aprender Francés.

Él se uniría a la armada.

A usted le gustaría estar en
    Washington.

Ellos traerían alimento sufisiente
    para los niños.

Nosotros te enseñaríamos los
    martes.

Él no se uniría a la armada.

A ti no te gustaría estar en Detroit.

Ellos no traerían panes para los
    niños.

Nosotros no te enseñaríamos
    Griego los martes.

Question tags: ¿Verdad? ¿No es verdad?

I would be a good doctor,
    wouldn't I?

She would be my girlfriend,
    wouldn't she?

They wouldn't come tomorrow,
    would they?

We wouldn't hurt her, would we?

I wouldn't learn how to dance,
    would I?

He would like to come with me,
    wouldn't he?

Mary would reply to me,
    wouldn't she?

Ventura wouldn't disturb the
    peace, would he?

Pepe would charge me a lot,
    wouldn't they?

Yo sería un buen doctor. No es
    verdad?

Ella sería mi novia. No es verdad?

Ellos no vendrían mañana.
    Verdad?

Nosotros no la heriríamos. Verdad?

Yo no aprendería a bailar. Verdad?

A él le gustaría venir conmigo. No
    es verdad?

Mary me contestaría. No es
    verdad?

Ventura no perturbaría la paz.
    Verdad?

Pepe me cobraría mucho. No es
    verdad?

THE PHRASES USED MORE NOWADAYS

(Las frases más usadas actualmente)

not yet	todavía no.	those people are	esa gente son.
ground floor	piso bajo.	to be in love with	estar enamorado
top floor	último piso.	to have a good time	divertirse.
to translate into	traducir al.	out of order	descompuesto.

day after day	día tras día.	to do well in	ir bien en.
face to face	cara a cara.	to take away	llevarse.
watch out!	!cuidado!	to go away	irse, alejarse.
to write down	anotar.	to take care of	cuidar a.
to write on	continuar escribiendo.	to take advantage of	aprovecharse de.
it is so	es así.	to go crazy	volverse loco.
it is true	es verdad.	to be fond of	ser aficionado a.
not today	hoy no.	once again	una vez más.
this way	por aquí.	that's up to you	allá tú
this way in	por aquí se entra.	all the time	siempre.
this way out	por aquí se sale.	to put away	guardar.

Listen and observe (ESCUCHE Y OBSERVE)

CONDITIONS CON AUXILIARIES DE MODO
(PARA EXPRESAR "YO" TAMPOCO)

She isn't tall. Neither am I.
I am not strong. Neither is he.
They aren't tall. Neither am I.
My sister isn't nice. Neither is yours.
Your parents aren't here. Neither are mine.
You are not working. Neither is he.
They don't like to run. Neither do I.
She doesn't want to dance now. Neither does he.
Your parents don't prefer to come back. Neither do mine.
You cannot go without eating here. Neither can your sister.
Their mother can't speak Greek. Neither can yours.
We couldn't work yesterday. Neither could he.
They can't visit the hospital at night. Neither can I
She wasn't in Miami. Neither was I.

I was not working inCentII. Neither was she.
Mary's sisters weren't climbing the mountain. Neither were mine.
They did not prefer to walk down the street. Neither did I.
Her mother didn't want to water the flowers. Neither did mine.

We wouldn't like to go to Colorado. Neither would they.
You will not be fond of swimming. Neither will she.
His uncle won't go to the mountain. Neither will mine.
We shall not accept her to work here. Neither shall I.
I shall not improve the English language. Neither will you.

Ella no es alta. Yo tampoco.
Yo no soy fuerte. Ella tampoco.
Ellos no son altos. Yo tampoco.
Mi hermana no es agradable. Tampoco la tuya.
Tus padres no están aquí. Tampoco los míos.
Tú no estás trabajando. Él tampoco.
A ellos no les gusta correr. A mí tampoco.
Ella no quiere bailar ahora. Él tampoco.
Tus padres no prefieren regresar. Los míos tampoco.
Tú no puedes ir sin comer aquí. Tampoco tu hermana.
Su madre no puede hablar Griego. Tampoco la tuya.
Nosotros no pudimos trabajar ayer. Tampoco él.
Ellos no deben visitar el hospital en la noche. Tampoco yo.
Ella no estaba en Miami. Tampoco yo.
Yo no estaba trabajando en CentII. Tampoco ella.
Las hermanas de Mary no estaban subiendo la montaña.
Tampoco las mías.
Ellos no prefiríeron caminar por la calle. Tampoco yo.
Su madre no quíso aguar las flores. Tampoco la mía.
No nos gustaría ir a Colorado. Tampoco a ellos.
Tú no serás aficionado a la natación. Tampoco ella.
Su tio no irá a la montaña. Tampoco el mío.
Nosotros no aceptaremos que ella trabaje aquí.
Tampoco yo.
Yo no mejoraré el idioma Inglés. Tampoco tú.

Special class

Dominican Republic

Dominican Republic and the capital Santo Domingo de Guzman is one of the most beautiful countries of Latin America. It was the first island discovered by Christopher Columbus in 1492. This country has more than five hundred beautiful and exotic beaches. The beaches are used for the tourist industry. From the tourist industry, the country acquires more than one hundred thousand million dollars yearly.

Dominican Republic receives tourist from different parts of the world. In 2003, 70% of the tourist came from Europe making Europeans the number one visitors to the republic. The people from Europe and North America prefer this country for the tropical climate and the people who welcome them with their smiles and respect.

La República Dominicana

La República Dominicana y su capital Santo Domingo de Guzman es uno de los países más hermoso de Latino America. Esta fue la primera isla descubierta por Cristóbal colon en 1492. Este país tiene más de quinientas hermosas y exoticas playas. Las playas son usadas para la industria del turismo. De la industria del turismo el país acquiere más de 100,000 millones de dollares añualmente.

La República Dominicana resive turistas de diferentes partes del mundo. En el 2003 setenta por ciento de los turistas vinieron de Europa y siendo el número uno en la República. Las personas de Europa y Norte America prefieren este país por su clima tropical y su gente sonriente la cual los resiven con sonrisas y respecto.

Vocabulary

island = isla
world = mundo
per cent = por ciento
which = cuál
to welcome = dar la bienvenida
to smile = sonreir
industry = industria
exotic = exotico
to use = usar
different = diferente
part = parte
to discover = descubrir
to develop = desarrollar
to please = complacer
to boil = hervir
to advice = aconsejar

to make friend = hacer amigo
to run for = correr en busca de
to milk = ordeñar
to come for = venir en buca de
to accuse = acusar a
proof = pueba
to deny = negar
obstacle = obstáculo
easter = semana santa, pascuas
coward = cobarde
passing = transitorio
scare = escaso
to annoy = molestar
to doubt = dudar
conscious = conciente
courage = coraje, valor

List of Irregular verbs

Infinitivo	Pretérito	Significado
To be	Was, were	Ser, estar
To speak	Spoke	Hablar
To drive	Drove	Manejar, conducir
To come	Came	Venir
To go	Went	Ir
To get	Got	Obtener, conseguir
To find	Found	Encontrar
To have	Had	Tener
To see	Saw	Ver
To eat	Ate	Comer
To buy	Bought	Comprar
To break	Broke	Romper
To dream	Dreamed, dreamt	Soñar
To fall	Fell	Caer = se
To feel	felt	Sentir
To bleed	Bled	Sangrar
To do	Did	Hacer
To fight	Fought	Pelear
To drink	Drank	Beber
To give	Gave	Dar
Grow	Grew	Crecer
Fly	Flew	Bolar
bring	Brought	Traer

CHAPTER SIXTEEN
Capitulo diesciseis

Heather was very happy. This would be her first date in Washington. She decided to buy a new dress for this occasion. During her lunch time in a food shop, she saw a dress store across the street. It had a nice blue silk dress that she liked very much.

She also decided to buy a purse. Then she had to stop buying because she wasn't earning enough money for what she was spending on the articles. She realized that she had spent too much money, and she had to save money for her rent.

On Friday night, Johnny arrived in a white limousine at exactly 7:30 p.m. He walked up to Heather's apartment and rang the doorbell. When Heather opened the door, she could not believe her eyes. Johnny was standing in the doorway in a black tuxedo and he was holding a long stemmed red rose. Likewise Johnny was also surprised by how Heather looked in her new blue silk dress.

Johnny: Good evening Heather.
Heather: Good evening Johnny.
Johnny: How are you this evening?
Heather: I am very well. And you?
Johnny: I am well. You look gorgeous this evening.
Heather: Oh, thank you Johnny and you look handsome as well.
Johnny: Thank you Heather.
Heather: You're welcome Johnny.
Johnny: Well, we should be going now. Are you ready?
Heather: Yes, I am ready. Let's go!
Johnny: Yes, Let's go!

As soon as they arrived to the restaurant, they started to talk and share information about themselves. They had not been together very long when the dinner was served. The next three hours passed quickly. They seemed to like the food. Johnny expressed to Heather that he came from a rich family, but he is use to being with common people. In the middle of the interesting conversation Heather looked at her watch and said, "It's getting late", "I'd better go now". When they arrived, she thanked Johnny for the lovely dinner and for the wonderful time together. Johnny on his way home was hoping to spend another evening together with Heather.

To be continued...

Lección diescisiels

Heather estaba muy feliz. Esta sería su primera cita en Washington. Ella decidío comprar un vestido nuevo para esta ocasión. Duarante su cena en una tienda de alimento vió una tienda de vestido al otro lado de la calle. La tienda tenía un hermoso vestido azul de seda lo cual le gustó mucho.

Ella también decidío comprar una pulsa, pero ella tenia que parar de comprar porque ella no ganaba suficiente dinero para gastar en lo que ella estaba comprando. Ella se dió cuenta que había gastado demaciado dinero y tenia que ahorrar para la renta.

Un viernes en la noche, Johnny llegó en una limosina blanca exactamente a las 7:30 P.M. subió al apartamento de Heather e hizo sonar el timbre. Cuándo Heather abrió la puerta, ella no podía creer lo que veía. Johnny estaba parado en la puerta vistiendo un esmoquin negro, y tenía en su mano un gran ramo de rosa roja. Pero de todo modo Johnny también estaba sorprendido por la forma que Heather lucía en su nuevo vestido de seda.

Johnny:	Buenas noches Heather.
Heather:	Buenas noches Johnny.
Johnny:	¿Cómo estás?
Heather:	Estoy muy bien. ¿Y tú?
Johnny:	Estoy bien. Tú luces presiosa esta noche.
Heather:	Oh, gracias Johnny pero tú luces elegante tambén.
Johnny:	Gracias Heather.

Heather: Denada Johnny.
Johnny: Bien deberíamos irnos ahora ¿estás lista?
Heather: Sí, estoy lista.
Johnny: Sí, vamonos.

Tan pronto como llegaron al restaurante comenzaron a hablar, y compartir informaciones acerca de ellos. Ellos no habían estado juntos allí por mucho tiempo cuando le servieron la cena. Las proximas tres horas pasaron rápido y pareció gustarle la cena. Johnny le expresó a Heather que él venía de una familia rica pero él estaba acostumbrado a estar con gente simple. En el medio de esa interesante conversación Heather miró su reloj y dijo "se está haciendo muy tarde es mejor que me marche ahora". Cuando llegaron, ella agradeció a Johnny por la encantadora cena y por el agradable momento junto. Entonces Johnny caminó a su casa con la esperaza de pasar otra noche al junto con Heather.

(Continuará)

Vocabulary

date	Fecha	utensils	utensilios
dinnertime	hora de cenar	tender	tierno
food shop	tienda de alimento	almost	casi
dress store	tienda de vestido	grade fruit	toronja
silk	Seda	side walk	acera
purse	Pulsa	to behave	comportarse
enough	Suficiente	to concern	concernir a
too much	Demasiado	to cover	cubrir
to save	ahorrar, salvar	on my way home	camino a mi casa
door bell	Timbre	wonderful	marabilloso
stem	Tallo	lovely	delicioso
likewise	de todo modo	had better	mejor sería
gorgeous	presiosa, brillante	in the middle of	en el medio de
to share	Compartir	used to	solía, acostumbrado
limousine	Limosina	to express	expresar
handsome	elegante, guapo	to seem	lucir

as well	También	to pass	pasar
flesh	carne humana	to share	compartir
should	Debería	ready	listo

Grammar (Gramática)

Should (debería)

El auxiliar **should** y su negativo (**should not o shouldn't**) es el pasado de shall, y significa debiera, debieras, debería, deberías, y siempre expresa necesidad u obligaciones de manera muy suave. Siempre está sin el infinitivo "to" se utiliza para todos los sujetos o pronombres personales.

Positive

I should study for my next test.
She should go to see the doctor.
We should forgive her sister.

They should ask about Paul.

You should drink the juice.

I should drive you to your house.

negative

I shouldn't study while I am eating.
She should not stay in the house.
We shouldn't visit the pub late at night.

They shouldn't forget Paul to be in that plan.

You should not drink that much beer.

I should not drive while I am drinking.

Positivo

Yo debería estudiar para mi proximo examen.
Ella debería ir a ver el doctor.
Nosotros deberíamos perdonar su hermana.
Ellos deberían preguntar por Pablo.
Usted debería tomarse las pildoras.

negativo

Yo no debería estudiar mientras estoy comiendo.
Ella no debería quedarse en la casa.
No deberíamos visitar la taberna tarde en la noche.
Ellos no deberían orbidar a Pablo en ese proyecto.
Usted no debería tomar mucha cerveza.

I debería asegurarme de llevarte a
tu casa.

I no debería manejar mientras
estoy tomando.

Questions

Answers

Should you work tomorrow?

What should I do to be a
businessman?

Should she study a lot to pass the
test?

Should you help poor people?

Should everybody share their
food?

What should I do to help you?

Why should you study now?

Should you teach your children?

Should people save money in the
bank?

Should a mother take care of her
baby?

Should you be faithful to your
wife?

Yes, I should work tomorrow.

You should study business
administration.

Yes, she should study a lot to pass
the test.

Yes, I should help poor people.

Yes, everybody should share their
food.

You should teach me about the
Holy Bible.

I should study in order to be a
good professional.

Yes, I should teach my children.

Yes, people should save money in
the bank.

Yes, a mother should take care of
her baby.

Yes, I should be faithful to my
wife.

Preguntas

¿Deberías trabajar mañana?

¿Qué yo debería hacer para ser un
empresario?

¿Debería ella estudiar mucho para
pasar el examen?

¿Deberías tú ayudar a los pobres?

¿Deberían las personas compartir
sus alimentos?

¿Qué yo debería hacer para
ayudarte?

Respuestas

Sí, yo debería trabajar mañana.

Tú deberías estudiar
administración de negocio.

Sí, debería estudiar mucho para
pasar el examen.

Sí, yo debería ayudar a los pobres.

Sí, todo el mundo debería
compartir sus alimentos.

Usted debería enseñarme acerca de
la santa Biblia.

¿Por qué deberías estudiar ahora? Yo debería estudiar para ser un buen profesional.

¿Deberías tú enseñar a tus niños? Sí, yo debería enseñar mis niños.

¿Deberían las personas ahorar en bancos? Sí, las personas deberían hacerlo.

¿Debería una madre cuidar un bebé? Sí, una madre debería cuidar un bebé.

¿Deberías tú ser fiel a tu esposa? Sí, yo debería ser fiel a todo el mundo.

Listen and observe (escuchar y observar)

There should be a meeting today at the company.

There shouldn't be war in the world.

There should be a free hospital for the poor people.

There shouldn't be so many murders nowadays.

There should be peace all over the world.

What do you think should there be in the world?

There should be enough food in all houses.

Very soon there should be a heavenly peace.

There should be an orphanage in each town.

There shouldn't be orphans in the world.

There should not be poverty.

What should you do to heal the world?

Should you give away your 10% to the poor?

What did she buy for her firs occasion?

What was she doing when she saw the dress?

What color was the dress?

Didn't she buy a purse?

Why did she have to save money?

Did she spend too much money?

What day did Johnny go to her house?

What did Heather see when she opened the door?

What was Johnny wearing?

Was Johnny surprised when he saw her?

At what time did he arrive there?

Was Heather gorgeous?

What did they first do when they arrived there?

Should your parents be in an asylum?

How should you help your parents?

Should you respect everybody?

Debería haber una reunión hoy en la compañia.

No debría haber guerrar en el mundo.

Debería haber hospitales libres para los más pobres.

No debería haber tantos asesinos actualmente.

Debería haber paz en todo el mundo.

¿Qué crees tú que debería haber en el mundo?

Debería haber suficiente alimentos en las casas.

Muy pronto debería haber una paz celestial.

Debería haber orfanato en cada cuidad.

No deberían de haber huérfanos en el mundo.

No debería haber pobresa.

¿Qué tu deberías hacer para sanar el mundo?

¿Deberías tú regalar tu diez por ciento a los pobres?

¿Deberían tus padres estar en un asilo?

¿En qué deberías tú ayudar a tus padres?

How many hours did they spend there?

Was Johnny a rich man?

What was Johnny thinking on his way home?

¿Qué ella compró para su primer ocasión?

¿Qué ella estaba haciendo cuando vió el vestido?

¿De qué color era el vestido?

¿No compró ella una pulsa?

¿Por qué tenía ella que ahorrar dinero?

¿Gastó ella demasiado dinero?

¿Qué día Johnny llegó a su casa?

¿Qué vió H'ther cuando abrió la puerta?

¿Qué vestía Johnny?

¿Se sorprendió Johnny cuando la vió?

¿A qué hora llegó él allá?

¿Estaba Heather presiosa?

¿Qué fué lo primero que hicieron cuando llegaron?

¿Cuantas horas pasaron allí?

¿Era Johnny un hombre rico?

¿Debería usted respetar a todas las personas?

¿Qué estaba Johnny pensando camino a casa?

Translate into English (traducir al Inglés)

Heather estaba muy feliz. Esta sería su primera cita en Washington. Ella decidío comprar un

---

vestido nuevo para esta ocasión. Duarante su cena en una tienda de alimento vió una tienda de vestido al

---

otro lado de la calle. La tienda tenía un hermoso vestido azul de seda lo cual le gustó mucho

---

Ella también decidío comprar una pulsa, pero ella tenía que parar de comprar porque ella no

---

ganaba suficiente dinero para gastar en lo que ella estaba comprando. Ella se dió cuenta que había gastado

---

demaciado dinero y tenía que ahorar para la renta.

Un viernes en la noche, Johnny llegó en una limosina blanca exactamente a las 7:30 P.M. subió al

---

apartamento de Heather e hizo sonar el timbre. Cuándo Heather abrió la puerta, ella no podía creer lo que

---

veía. Johnny estaba parado en la puerta vistiendo un esmoquin negro, y tenía en su mano un gran ramo de

---

rosa roja. Pero de todo modo Johnny también estaba sorprendido por la forma que Heather lucía en su nuevo vestido de seda.

Johnny: Buenas noches Heather.

Heather: Buenas noches Johnny.

Johnny: ¿Cómo estás?

Heather: Estoy muy bien. ¿Y tú?

Johnny: Estoy bien. Tú luces presiosa esta noche.

Heather: Oh, gracias Johnny pero tú luces elegante tambén.

Johnny: Gracias Heather.

Heather: Denada Johnny.

Johnny: Bien deberíamos irnos ahora ¿estás lista?

Heather: Sí, estoy lista.

Johnny: Sí, vamonos.

Tan pronto como llegaron al restaurante comenzaron a hablar, y compartir informaciones acerca

de ellos. Ellos no habían estado juntos allí por mucho tiempo cuando le servieron la cena. Las proximas tres

horas pasaron rápido y pareció gustarle la cena. Johnny le expresó a Heather que él venía de una familia

rica pero él estaba acostumbrado a estar con gente simple. En el medio de esa interesante conversación

Heather miró su reloj y dijo "se está haciendo muy tarde es mejor que me marche ahora". Cuando llegaron ella agradeció a Johnny por la encantadora cena y por el agradable momento juntos. Entonces Johnny

----

camino a su casa tenía la esperaza de pasar otra noche al junto con Heather.

¿Deberías tú trabajar mañana?	sí, yo debería trabajar mañana.
¿Qué yo debería hacer para ser un empresario?	Tú deberías estudiar administración de negocio.
¿Debería ella estudiar mucho para pasar el examen?	Sí, debería estudiar mucho para pasar el examen.
¿Deberías tú ayudar a los pobres?	Sí, yo debería ayudar a los pobres.
¿Deberían las personas compartir sus alimentos?	Sí, todo el mundo debería compartir sus alimentos.
¿Qué yo debería hacer para ayudarte?	Usted debería enseñarme acerca de la santa Biblia.
¿Por qué deberías estudiar ahora?	Yo debería estudiar para ser un buen profesional.
¿Deberías tú enseñar a tus niños?	Sí, yo debería enseñar mis niños.
¿Deberían las personas ahorar en los bancos?	Sí, las personas deberían hacerlo.
¿Debería una madre cuidar un bebé?	Sí, una madre debería cuidar un bebé.

CHAPTER SEVENTEEN
Capitulo diescisiete

The meeting of two brothers

Don Kern was not a tourist; he was in Dominican Republic to work. He had arrived from North America. After his last two years teaching at the university, his brother had invited him to spend six months in Dominican Republic to work with him in his company. Don had accepted the invitation because he dreamed of becoming a businessman. He was sure that this opportunity would be a good experience for him. He would also learn more about the culture and the country where his brother was born.

During the first five months, he was studying the Spanish language in a private institution. He also hired an extra teacher because he wanted to improve his Spanish and be able to have a fluent conversation. Now he knows how to speak Spanish without hesitation.

It was his first morning at 5:15 a.m. Don woke up and looked right and left in this familiar room. Everything looked nice to him. From his balcony he could see El Faro a Colon and the blue ocean. He longed to be swimming in the most beautiful beaches in Latin America. He felt very happy to be there.

At 5:25 a.m., he got up and joined his brother in the backyard. He felt very happy when he said "GOOD MORNING" in his own language. It was very easy for him to continue talking in Spanish. He knew that his brother spoke very little English. But in a short time they were all talking and laughing together.

to be continued

Don Kern no era un turista, él estaba en la Republica Dominicana de trabajo. Él había llegado de Norte America después de su dos últimos años enseñando en la universidad. Su hermano lo habia invitado para que pase seis meses en la Republica Dominicana, y trabajar á con él en su compañia. Don aceptó la invitación porque él soñaba convertirse en un empresario. Él estaba seguro que esta oportunidad sería una buena experiencia para él. Él también aprendería más acerca de su cultura y del país donde su hermano habia nacido.

Durante cinco meses él estaba estudiando el idioma Español en una institución privada. Él también contractó un profesor extra porque él quería mejorar el idioma Español y ser capaz de tener una coversación fluida. Ahora él sabe como hablar el idioma Español sin titubeos.

Esta fue su primera mañana a la 5:15. Don se despertó y miró deracha e izquierda en esta habitación familiar. To do era agradable para él. Desde su balcón él podía ver El Faro A Colon y el océano azul. Él anhelaba estar nadando en las playas más hermosas en Latino America. Él se sintió muy feliz de estar allí.

A la 5:25, él se levantó, y se reunió con su hermano en el patio trasero. Él se sintió muy feliz cuando dijo "BUENOS DIAS" en su propio idioma.

Esto era muy facil para él continuar hablando en Español. Él sabía que su hermano solo hablaba muy poco Inglés. Pero en un corto tiempo ellos estaban hablando y riendo juntos.

Vocabulary

After	después	cliff	despeñadero
to dream	soñar	breeze	brisa
to become	llegar a ser	oxen	bueyes
Sure	seguro	ox	buy
opportunity	oportunidad	sweat	sudor
experience	experiencia	to defend	defender
Culture	cultura	to commit	cometer
Private	privado	to address	dirigirse al hablar
institution	intitución	to lock	cerrar con llave
to hire	contratar	to expel	expulsar
to improve	mejorar	to hesitate	titubear
to be able	ser capaz, poder	to limit	limitar
Fluent	fluido	**to sue**	denunciar
to wake up	despertar	to reserve	reservar
hesitation	titubeos	to own	poseer
Balcony	balcón	to laugh	reir
to long	anhelar	backyard	patio trasero
to feel	sentir	to continue	continuar
to join	unirse	easy	facil

Grammar (gramática)

(To be and impersonal verbs)

El verbo "to be" además de multiples usos es el unico que se utiliza para los verbos impersonales:

to be cold	tener frío	the class is over	Sé terminó la clase
to be hot	tener calor	it is very windy today	hace mucho viento hoy

to be warm	hacer calor	the lesson is over now	la clase se termina ahora
to be windy	hacer viento	there is going to be	va a haber
to be foggy	hacer neblina	there are going to be	van a haber
to be cool	hacer fresco	there was going to be	íva a haber
to be chilly	hacer frío que tiembla	there were going to be	ívan a haber
to be hungry	tener hambre	there can be	puede haber
to be thirsty	tener sed	there must be	debe haber
it is cold tonight	hace frío esta noche	there could be	podría haber
it is going to be cold	va hacer frío	there could be	pudo haber
I used to study	estoy acostumbrado	there is a meeting	hay una renión
I used to help	Acostumbro ayudar.	there are two meetings	hay dos reuniones
she used to be here	acostumbra a estar aqui.	there was a meeting	había una reunión
I used to work hard	acostumbro a trabajar m.	there were two meetings	Había dos reuniones
she used to visit me	acostumbra a visitarme.	there would be	habría
Are you used to studying?	¿Estás acostumbrado est?	there may be a meeting	talvez haya una reunión

Listen and observe (escuchar y observar)

Are you used to working on Saturday?

No, I am not used to working on Saturday.

Where did you use to go on Sunday?

I used to go to the beach.

Is she used to eating dinner at home?

No, she isn't used to eating dinner at home.

What did you use to do in New York?	I used to work as a teacher at the university.
Are they used to living in the North Pole?	Yes, they are used to living in the North Pole.
What did she use to eat in the morning?	She used to eat fruit in the morning.
Is your father used to living in the country?	Yes, my father is used to living in the country.
At what time do you get up?	I get up at 6:00 a. m.
Did they visit the Heavenly restaurant often?	Yes, they visited the heavenly restaurant often.
Was Don a tourist in Dominican Republic?	No, he wasn't a tourist in Dominican Republic.
Why was he in Dominican Republic?	Because his brother invited him.
Where was he from?	He was from North America.
What did he do during two years in North America?	He taught at the university.
Who invited him to Dominican Republic?	His brother invited him to Dominican Republic.
For how long was he going to be in D.R.?	He was going to be there for six months.
Did he have a dream for his life?	Yes, he did. It was to become businessman.
Did he know a lot about his brother's culture?	No, he didn't know a lot about it.
For how long was he studying Spanish?	He was studying Spanish for six months.
Did he want to improve this language?	Yes, he wanted to improve this language.
Where did he study?	He studied at a private institute.
What did he long to do on his first morning?	He longed to be swimming.
Did he feel bad for being there?	No, he didn't feel bad. He felt fine.
Did his brother speak English properly?	No, his brother didn't speak English properly.

¿Dónde acostumbrabas ir los Domingo?

Acostumbraba ir a la playa.

¿Está ella acostumbrada a cenar en la casa?

No, ella no está acostumbrada.

¿Qué acostumbrabas hacer en nueva York?

Acostumbraba trabajar como profesor

Están ellos acostumbardo a vivir en el Polo Norte?

Sí, ellos estan acostumbrado

¿Qué acostumbra ella comer en la mañana?

Ella acostumbra comer vegetales en la mañana.

¿Está tu padre acostumbrado a vivir en el campo?

Sí, mi padre está acostumbrado.

¿Estaban ellos acostumbrados a visitar el restaurante?

Sí, ellos estan acostumbrado a visitar ese restaurante

¿Estaban ellos acostumbrado a visitar Heavenly

No, él no era un turista en la República Dominicana.

¿Erá Don un turista en la República Dominicana?

Porque su hermano lo invitó.

¿Por qué estaba él en la R.D?

Él era de Norte America.

¿De dónde era él?

Él enseñaba en una universidad.

¿Qué él hizo durante dos años en Norte America?

Su hermano lo invitó a la República Dominicana.

¿Quién lo invitó a la República Dominicana?

Él iba a estar allí por seis meses.

¿Por qué tiempo iba él a estar en la R.D.?

Sí, él lo tenía. Era ser un empresario.

¿Tenía él un sueño en su vida?

No, él no sabía mucho respecto a esto.

¿Conocía él mucho acerca de la cultura de su pais?

Él estaba estudiando Español durante seis meses.

¿Por qué tiempo estubo él estudiando Español?

Sí, él quería mejorar el idioma.

¿Quería él mejorar el idioma?

Él estudió en una institución privada.

¿Dónde él estudió?

Él anhelaba estar nadando.

¿Hablaba su hermano muy bien Inglés?	No, su hermano no hablaba muy bien.

Special class

Sosua beach

Sosua: is a small town located 15 kilometers from the City of Puerto Plata. It was a colony of Jewish settlers in 1940. Sosua has excellent beaches that are named Sosua Beach, Port Chiquita, Chiquita Beach, The Little Beach, and others. There are nine attractive beaches in the town of Sosua.

Cofresí: has many establishments, hotels, and businesses by crystal waters. It is one kilometer in length. The beach shore has many coconut trees.

Long Beach: is the most popular beach in the chain of beaches in Puerto Plata. National and international tourists visit this place.

Golden Beach: this one is also the most admired beach for the tourists. There you can observe the quiet water protected by coral and thin golden sand.

Cabarete: is located about five kilometers to the east of Sosua, and is known as one of the ten best beaches in the world for practicing the sport of Windsurfing. The length of the beach is more than four kilometers, and it has an attractive lake with a variety of birds. In 1995, there were 29, 828 inhabitants in Sosua, 14, 828 men and 14, 240 women.

La Playa de Sosua

Sosua: es una pequeña ciudad situada a 15 kilometros de Puerto Plata. Era una colonia de Judios en 1940. Sosua tiene excelentes playas que son: Sosua beach, puerto chiquito, Chiquita beach, playa pequeña, y otras. Hay nueve atractivas playas en la ciudad de Sosua.

Cofresí: Tiene muchos establesimientos hoteleros con agua cristalina y tiene un kilometro de distancia de largo. La orilla de la playa tiene muchas matas de coco.

Long beach: Es la playa más popular de la cadena de playas en Puerto Plata. Esta playa es visitada por turistas nacionales e internacionales.

Golden beach: Esta es la playa más admirada por los turistas. Allí se puede observar sus aguas tranquilas, protegida por coral, y finicima arena dorada.

Cabarete: Está situada a 5 kilometros del este de Sosua, esta es conocida como una de las diez mejores playas en el mundo para practicar el deporte **Windsurfers.** La distancia en largo de esta playa es más de 4 kilometros y tiene un atractivo lago con una gran variedad de aves. En 1995 Habitaban 29, 068 habitantes en Sosua. 14,828 masculinos, y 14,240 femeninas.

Vocabulary

to place	colocar, poner	to come for	venir en busca de
to admire	admirar	to go for	ir en busca de
to locate	localisar	to embarrass	avergonsar a
to practice	practicar	to punish	castigar
to protect	protejer	to fry	freir
colony	colonia	to add	sumar, agregar
Jewish	Judios	To retrieve	retirar
attractive	atractivo	to prove	probar
length	largo, distancia	to mind	importar
distance	distancia	to insult	insultar
shore	orilla	inhabitant	habitante
chain	cadena	bird	ave, pajaro
sand	arena	variety	variedad
gold	oro	lake	lago
golden	dorado	east	este

Grammar

(More… Than) o (er…than) más que

Comparison of adjectives: Grado comparativo
o comparación de adjectivo

Comparación de adjectivos es el estudio o la presentación de las formas de un adjectivo, siempre 'descriptivo' calificativo, las cuales indican la relación que existe entre dos o más personas o cosas en cuanto a la calidad expresada por el adjetivo. Existen tres formas que se llaman: grado positivo, grado comparativo, y grado superlativo.

Grado positivo: Es la forma primitiva de adjetivo o el adverbio, y no indica comparación.

Ejemplos; tall, small, rich, beautiful, important, early, late, intelligent, young.

Comparativo: Es en la cual se denota la comparación entre dos personas o cosas. El adjetivo de una o dos sílabas forma su grado de comparación agregandole 'er' significando más. taller, smaller, younger, si el adjetivo termina en 'y' griega esta se cambia por 'i' Latina. Happier, heavier.

Development 1

Are they more intelligent than Johnny?	Yes, they are more intelligent than Johnny.
Is she more beautiful than your friend Mary?	No, she isn't more beautiful than my friend Mary.
Is Shannon richer than Heather?	Yes, Shannon is richer than Heather.
Are you older than your brother?	Yes, I am older than my brother.
Is your mother younger than your father?	No, my mother isn't younger than my father.
Are they happier than you?	No, they aren't happier than me.

Was yesterday hotter than today?	Yes, yesterday was hotter than today.
Were they heavier than your babies?	Yes, they were heavier than my babies.
Did they finish sooner than Ventura?	No, they didn't finish sooner than Ventura.
Did she work more than her husband?	Yes, she worked more than her husband.
Do you eat more than your brother?	No, I don't eat more than my brother.
Are you studying more today than yesterday?	Yes, I am studying more today than yesterday.
Is your house bigger than mine?	Yes, my house is bigger than yours.
Is the English language easier than Spanish?	Yes, the English language is easier than Spanish.
Is Michael Jackson more famous than Air Supply?	Yes, Michael Jackson is more famous than Air Supply.
Is Michael Jackson thinner than Don Kerns?	Yes, Michael Jackson is thinner than Don Kerns.
Is Colorado colder than Dominican Republic?	Yes, Colorado is colder than Dominican Republic.
Is Cabarete larger than Cofresí?	Yes, Cabarete is larger than Cofresí.
Does Madonna dance more than Janet Jackson?	No, Madonna doesn't dance more than Janet Jackson.

Desarroyo 1

¿Son ellos más inteligentes que Johnny?	Sí, ellos son más inteligentes que Johnny.
¿Es ella más bonita que tu amiga Mary?	No, ella no es más bonita que mi amiga Mary.
¿Es Shannon más rica que Heather?	Sí, Shannon es más rica que Heather
¿Eres tú más viejo que tu hermano?	Sí, yo soy más viejo que mi hermano.

¿Es tu madre más joven que tu padre?

No, mi madre no es más joven que mi padre.

¿Son ellos más felices que tú?

No, ellos no son más felices que yo.

¿Hacía más calor ayer que hoy?

Sí, ayer hacía más calor que hoy.

¿Eran ellos más pesados que tus niños?

Sí, ellos eran más pesados que mis niños.

¿Terminaron ellos más pronto que Ventura?

No, ellos no terminaron más pronto que Ventura.

¿Trabajó ella más que su esposo?

Sí, ella trabajó más que su esposo.

¿Comes tú más que tu hermano?

No, yo no como más que mi hermano.

¿Estás estudiando hoy más que ayer?

Sí, yo estoy estudiando hoy más que ayer.

¿Es tu casa más grande que la mía?

Sí, mi casa es más grande que la tuya.

¿Es el idioma Inglés más facil que el Español?

Sí, el idioma Inglés es más facil que el Español.

¿Es Michael Jackson más famoso que Air Supply?

Sí, Michael Jackson es más famoso que Air Supply.

¿Es Michael más delgado que Don Kerns?

Sí, Michael es más delgado que Don Kern

CHAPTER EIGHTEEN
Capitulo diesciocho

After having a sandwich in a small restaurant close to their house, Don and his brother went to work. They walked a little faster than usual that morning because they were late. Din would have preferred to walk a little slower, so he could enjoy the familiar view again after his first visit to the Dominican Republic.

At last, they arrived at the company Mr. Benitez introduced his brother to the staff. During the morning, Din worked in an office as a manager, welcoming the customers and showing them the new model of computers. The company is recognized for the best computer sales in Dominican Republic. By the end of the afternoon, they had already sold more than two thousand computers. Mr. Benitez was so happy for the profits that afternoon, he decided to hire Din for two years. Even more, Mr. Benitez was going to pay him the highest employee salary in the company.

On Saturday morning, Don went with his brother to see El Faro A Colon; translated into English it is "A Lighthouse for Columbus" in Santo Domingo de. The light from this place is so strong and high that it looks like it is touching the atmosphere.

Lección diesciocho

Después de comer un bocadillo en un pequeño restaurante cerca de nuestra casa, Don y su hermano fueron a trabajar. Ellos caminaron un poco más rápido que lo usual esa mañana porque estabán más tarde que nunca antes. Din hubiese preferido caminar un poco más despacio y así él podía disfrutar del paisaje familiar de nuevo después de su primera visita a la República Dominicana.

Al fin. Ellos llegaron a la compañia, y el señor Benitez presentó su hermano al equipo. Durante la primera mañana, Don trabajó en una oficina como encargado dandele la bienvenida a los clientes y mostrandoles las nuevas y modernas computadoras. La compañia es reconocida Como la mayor vendedora de computadora en la República Dominicana. Para el final de la tarde, ellos ya habían vendido más de dos mil computadoras. El señor Benitez estubo tan feliz por la ganancia de esa tarde que decidió contractar a Din por dos años. Aun más el señor Benitez iba a pagarle el salario más alto de la compañia.

El Sábado en la mañana, Don fue con su hermano a ver el Faro A Colon; traducido al Español es "A lighthouse for Colon". En Santo Domingo de Guzman. La luz de ese lugar es tan fuerte que parece como si está tocando con la atmósfera.

Vocabulary

to walk	caminar, pasiar	to wipe	cecar frotando
ever	Siempre, alguna vez	to polish	dar brillo
slowly	lentamente	to neglect	descuidar
to enjoy	disfrutar	to waste	malgastar
familiar	Familiar	to define	definir
view	vista, países	to cut off	amputar
again	de nuevo, otra vez	flood	desbordamiento
to introduce	introducir, presentar	habit	habito
staff	empleado, equipo	broom	escoba
as	como, cuando	otherwise	delocontrario
customer	cliente	chill	escalofrío
to greet	saludar	atmosphere	atmósfera
to show	presentar, mostrar	light	luz, ligero
model	modelo	lighthouse	faro
to recognize	reconoser	to touch	tocar, acarisiar
seller	vendedor	the least	al menos
by	por	the worst	el peor
already	ya	the most	el más
to profit	aprobechar	the best	el mejor
to hire	contratar	to pay	pagar

Questions	Answers
Preguntas	Respuestas
Did the company pay Don the highest employee salary?	Yes, the company paid him the highest employee salary.
What did they do after eating a sandwich?	They walked to the company.
Did they walk fast or slow?	They walked faster on this morning.
What did Don do in the morning?	He went to his brother's company.
How many computers did Don sell?	He sold two thousand computers.
What did he do on Saturday morning?	He went to see the Lighthouse for Colon.
¿Pagó la compañia a Don el salario más alto?	Sí, la compañia le pagó el salario más alto.
¿Qué ellos hicieron después de comer un sandwich?	Ellos caminaron hacía la compañia.
¿Caminaron más rápido o lentamente?	Ellos caminaron más rápido esa mañana.
¿Qué hizó Don en la mañana?	Él fue a la casa de su hermano.
¿Cuantas computadoras Don vendió?	Él vendió dos mil computadoras.
Qué él hizó el Sábado en la mañana?	É fue a ver el Faro a Cristóbal Colon.

Grammar (gramática)

The most…. The…EST el más 'llamado grado superlativo'

'superlative' es la forma del adjetivo que indica que una de tres o más personas o cosas posee el grado más alto en comparación con las otras.

Los adjetivos de una silaba y de dos forman su grado de superlativo con la terminación 'est' y si el adjetivo termina en 'e' entonces sólo se le agrega 'st' y equivale más o **most** lo cual este se útiliza para adverbios o adjetivos que tengan más de dos silabas.

Development 1

Questions Preguntas	**Answers** Respuestas
Who is the richest person in the United States?	Donald Trimp is the richest person in United States.
Are they the most important people here?	Yes, they are the most important people here.
Were they the most beautiful women here?	Yes, they were the most beautiful women here.
Was she the most attractive woman in D.R?	No, she wasn't the most attractive woman in D.R.
Is he the tallest man in the meeting?	Yes, he is the tallest man in the meeting.
Are you the most intelligent person in your house?	Yes, I am the most intelligent person in my house.
Is your car the most expensive in Colorado?	Yes, my car is the most expensive there.
Is your sister the youngest in the school?	No, she isn't the youngest in the school.
Who is the oldest in your family?	My father is the oldest in my family.
Is the sun the brightest star in the sky?	Yes, the sun is the brightest star in the sky.
Who was the best president in history?	George Washington was the best president.
What is the easiest language to learn?	English is the easiest language to learn.
Is Greek the most difficult language?	No, Greek isn't the most difficult language.
What is the most important thing for you?	Love is the most important thing for me.
Is money the most important for you?	No, money isn't the most important to me.

Are you the happiest person in the world?	Yes, I'm the happiest person in the world.
What person is the most important in your life?	My father is the most important person.
Is she the busiest in the company?	Yes, she is the busiest in the company.
Who was the thinnest in your family?	My sister was the thinnest in my family.
Who is the fattest in your country?	The neighbor is the fattest in my country.
Is Ventura's house the biggest in his country?	No, Ventura's house isn't the biggest there.
What is the easiest career at the university?	Language is the easiest career.
Is math the most difficult at the university?	No, math isn't the most difficult.
What is the poorest country in the world?	Haiti is the poorest country in the world.
Is the United State a rich country?	Yes, the USA is the richest country.
Who was the most famous singer in the USA?	Elvis Presley was the most famous singer.
Which is the highest mountain in the world?	Mount Everest is the highest mountain.
What is the most beautiful beach in the world?	Cabarete is the most beautiful beach.
What continent is most inhabited?	Asia is the most continent inhabited.
Which is themost inhabited country in the world?	China is the most inhabited country.
¿Quién es el más rico en los Estados Unidos?	Bill J es el más rico en USA.
¿Son ellos las personas más importantes aquí?	Sí, ellos son las personas más importantes.
¿Eran ellas las mujerse más hermosas aquí?	Sí, ellas eran las mujeres más hermosas.

¿Era ella la mujer más atractiva en la R.D?

No, ella no era la mujer más atractiva.

¿Es Él el hombre más alto en la reunion?

Sí, Él es el hombre más alto en la reunion.

¿Eres tú el más inteligente en tu casa?

Sí, yo soy el más inteligente en mi casa.

¿Es tu carro el más caro en Colorado?

Sí, mi carro es el más caro allá.

¿Es tu hermana la más joven en la escuela?

No, ella no es la más joven en la escuela.

¿Quién es el más viejo en tu familia?

Mi padre es el más viejo en mi familia.

¿Es el sol la estrella más brillante en el cielo?

Sí, el sol es la estrella más brillante en el cielo.

¿Quién fue el mejor presidente en la historia?

George Washington fue el mejor presidente.

¿Cuál es el idioma más facil para aprender?

Inglés es el idioma más facil para aprender.

¿Es el Griego el más dificil para aprender?

No, Griego no es el idioma más dificil.

¿Cuál es la cosa más importante para tí?

El amor es la cosa más importante para mí.

¿Es el dinero lo más importante para tí?

No, el dinero no es lo más importante para mí.

¿Eres tú la persona más feliz en el mundo?

Sí, yo soy la persona más feliz del mundo.

¿Cuál es la persona más importante en tu vida?

Mí padre es la persona más importante.

¿Es ella la más ocupada en la compañia?

Sí, ella es la más ocupada en la compañia.

¿Quién era el más delgado en tu familia?

Mí hermana es la más delgada en la familia.

¿Quién es el más gordo en tu país?

El alcaide es el más gordo en mi país.

¿Es la casa de Ventura la más grande en su país?

No, la casa de Ventura no es la más grande.

¿Cuál es la carrera más facil en la universidad?	Idioma era la carrera más facil.
¿Es la matemática lo más dificil en la universidad?	No, matemática no es lo más dificil.
¿Cuál es el país más pobre en el mundo?	Haiti es el país más pobre del mundo.
¿Es Estados Unindos el país más rico del mundo?	Sí, USA es el país más rico actualmente.
¿Cuál es el artista más famoso en USA?	Jesús Cristo es el artista más famoso.
¿Cuál es la montaña más alta del mundo?	Los Alpes son las montañas más altas.
¿Cuál es la playa más hermosa en el mundo?	Cabarete es la playa más hermosa.
¿Cuál es el continente más habitado en el mundo?	Asia es el continente más habitado.
¿Cuál es el país más habitado en el mundo?	China es el país más habitado en el mundo.

Positivo	Comparativo	Superlativo
Small = pequeño	Smaller = más pequño	the smallest = el más pequeño
Tall = alto	Taller = más alto	the tallest = el más alto
Old = viejo	Older = más viejo	the oldest = el más viejo
Young = joven	Younger = más joven	the youngest = el más joven
Ugly = feo	Uglier = más feo	the ugliest = el más feo
Thin = delgado	Thinner = más delgado	the thinnest = el más delgado
Fat = gordo	Fatter = más gordo	the fattest = el más gordo
Fast = rápido	faster = más rapido	the fastest = el más rapido

High = alto	Higher = más alto	the highest = lo más alto
Soon = pronto	Sooner = más pronto	the soonest = lo más pronto
Easy = facil	Easier = más facil	the easiest = lo más facil
Happy = feliz	Happier = más feliz	the happiest = el más feliz
Busy = ocupado	Busier = más ocupado	the busiest = el más ocupado
Beautiful = bonito	more beautiful = más bonita	the most beautiful = la más bonito
Difficult = difícil	more difficult = más difícil	the most difficult = lo más dificil
Expensive = caro	more expensive = más caro	the most expensive = el más caro

Good = bueno	Better = mejor	The Best = el mejor
Many = muchos	More = más	The Most = el más
Much = mucho	More = más	The Most = lo más
Bad = malo	Worse = peor	The Worst = el peor
Ill = enfermo	Worse = peor	The Worst = lo peor
Little = poco	Less = menos	The Least = lo minino
Far = lejos	farther, further = mas lejos	the farthest, furthest = lo más lejos

Translate into English

Después de comer un bocadillo en un pequeño restaurante cerca de nuestra casa,

----

Don y su hermano fueron a trabajar. Ellos caminaron un poco más rápido que lo usual esa

----

mañana porque estabán más tarde que nunca antes. Don hubiese preferido caminar un

---

poco más despacio y así él podía disfrutar del paisaje familiar de nuevo después de su

---

primera visita a la República Dominicana.

Al fin. Ellos llegaron a la compañia, y el señor Benitez presentó su hermano al

---

equipo. Durante la primer mañana, Don trabajó en una oficina como encargado dandele la

---

bienvenida a los clientes y mostrandoles las nuevas y modernas computadoras. La

---

Compañia es reconocida Como la mayor vendedora de computadora en la República

---

Dominicana. Para el final de la tarde, ellos ya habían vendido más de dos mil

---

computadoras. El señor Benitez estubo tan feliz por la ganancia de esa tarde que decidió

---

contractar a Don por dos años. Aun más el señor Benitez iba a pagarle el salario más alto

---

de la compañia.

El Sábado en la mañana, Don fue con su hermano a ver el Faro A Colon; traducido

---

al inglés es "A lighthouse for Colon". En Santo Domingo de Guzman. La luz de ese

lugar es tan fuerte que parece como si está tocando con la atmósfera.

Write your friend's history

CHAPTER NINETEEN
Capitulo diescinueve

Sitting side by side

Anyone who has been in Colorado will remember the day when he first saw Loveland. There are many beautiful buildings in this town. Among all those interesting building is the Elen Valley University, with many beautiful structures and delicate columns. More than five thousand students study there and most of them are from different parts of the world. For this reason, you can see students in almost all directions.

Mrs. Benitez, who graduated from Elen Valley University, is an expert in photography. Mrs. Benitez and Mrs. Kernt, a professor from Detroit, were sitting side by side on a plane going from Denver to Minneapolis. Mrs. Benitez wanted to start a conversation with her companion and she took some photographs out of her handbag and showed them to Mrs. Kernt.

Benitez. Are you fond of photography?
Kernt.   Yes, it's my hobby.
Benitez. It was mine as well, and I decided to study it more. These pictures were developed three days ago before I left Denver. I am going to send one to an important magazine in England. I'd be glad to know that thousands of people will see it.
Kernt.   I see that you have several of the Himalayas.
Benitez. Yes here's one of the most famous temples in Asia.
Kernt.   That's perfect. I really feel special seeing it because I have made a special study of the Himalayas and their civilization.
Benitez. They used huge stones for constructing their temples. Did you know that some of the stones weigh more than three thousand pounds? The stones fit so well that not even a needle can be put between them.
Kernt.   Are there temples covered with quantities of gold on them?

Benitez.   You are right. But that was before the Spaniards conquered the island.

Kernt.   I've heard that the llamas are as important now as they were 900 years ago.

Benitez.   Yes, well the plane is landing now, and I am very pleased to talk with you. I hope you have a wonderful time.

Kernt.   Thanks a lot. I hope to see you again. Good luck.

Benitez.   Thank you. Goodbye.

Lección diescinueve

Sentado lado a lado

Alguien quién ha estado en Colorado recordará el primer día cuando vió LoveLand, Colorado. Hay muchos hermosos edificios en esta ciudad. Entre todos estos interesantes edificios está la universidad Elen Valley con muchas hermosas estructuras y delicadas columnas. Allí estudian más de 5 mil estudiantes, y más de ellos vienen de diferentes partes del mundo. Por esta razon usted puede ver estudiantes en toda parte en toda la dirección.

La señora Benitez se graduó como una experta en fotografia. Y la señora Kernt como una profesora en letra en Detroit. Ellas estaban sentadas lado a lado en un avión que iba a Denver de minneapolis. Benitez quería empezar una conversación con su compañera, y sacó algunas fotos de su maleta de mano y le mostró a la señora Kernt.

Benitez: ¿Es usted aficionada a la fotografía?

Kernt: Sí, esto era mi pasa tiempo.

Benitez: fue mi pasa tiempo también, hasta que decidí trabajar en esto. Estas fotos fueron reveladas tres días antes de yo partir de Denver. Voy a enviar una a una revista muy importante en Inglaterra. Yo estaría muy contenta al saber que miles de personas las verán.

Kernt: Eso es perfecto. Realmente me siento bien al ver esta porque hicé un estudio especial de Himalayas, y su civilización.

Benitez: Ellos usaban grandes piedras para construir sus templos. ¿Sabe usted que alguanas de esas piedras pesan más de tres mil libras? Las empalman tan bien que ni aún una aguja cabe entre ellas.

Kernt: ¿Estan estas piedras cubiertas de oro?

Benitez: Bien el avión está aterrizando ahora, y estoy muy contenta de hablar son usted. Buena suerte.

Kernt: Gracias. Adios.

Vocabulary

to remember	Recordar	tongue	lengua
to interest	Interesar	niece	sobrina
to graduate	Graduar	alive	vivo
to sit	Sentarse	to credit	acreditar
to take out	Sacar	to renew	renovar
to mingle	mesclarse, unirse	gold	oro
to cover	Cubrir	quantity	cantidad
to conquer	conquistar	needle	aguja
to hear	Oir	pound	libra
to land	Aterrisar	stone	piedra
to wish	Desear	huge	grande, gigante
anyone	Alguien	civilization	civilización
among	entre 'más de dos'	perfect	perfecto
interesting	interesante	temple	templo
interested	interesado	several	varios
in there	allí dentro	ago	hace "para tiempo"
out there	allí afuera	as well	también
reason	Razon	handback	mochila, maleta
almost	Casí	companion	compañero
direction	dirección	plane	avión
expert	Experto	side by side	lado a lado

Grammar (gramática)

(futuro)

Will, will not, won't = Shall, shall not = 're', 'rá' 'en Español'
para expresar una acción en futuro debemos usar el auxiliar will para
los pronombres I, you, he, she, they, y shall por lo general para I, y we
solamente seguido de la forma infinitiva sin 'to' que denota la terminación
're', y 'rá' al verbo en Español.

Affirmative	**Interrogative**	**Negative**
Afirmativo	interrogativo	negativo
I will	Will I?	I will not or I won't
you will	Will you?	you won't or will not
she, he will	Will she, he?	she, he will not or won't
they will	Will they?	they will not or won't
we, I shall	Shall we, I (shall I)?	we, I shall not or shan't, shouldn't

Affirmative	Negative
I will work in New York next year.	I will not work in New York next year.
She will visit my mother very soon.	She won't visit my mother very soon.
They will study at the University in Denver.	They won't study at the University in Denver.
We shall visit Even Valley in two years.	We shall not visit Even Valley in two years.
He will remember all the class.	He will not remember all the class.
They will be in there when they finish working.	They won't be in there when they finish working.
I will graduate as a doctor next year in March.	I won't graduate as a doctor next year in March.

He will convince his friend to work in CentII.

He will not convince his friend to work in CentII.

I will call you when I arrive at my house.

I will not call you when I arrive at my house.

They will rest as soon as they arrive at the house.

They won't rest as soon they arrive at the house.

I will teach you how to dance after you eat.

I won't teach you how to dance after you eat.

Yo trabajaré en Nueva York.

Yo no trabajaré en Nueva York.

Ella visitará mi madre muy pronto.

Ella no visitará mi madre muy pronto.

Ellos estudiarán en la universidad en Denver.

Ellos no estudiarán en la universidad en Denver.

Nosotros visitaremos Even Valley en dos años.

Nosotros no visitaremos Even valley en dos años.

Él recordará toda la clase.

Él no recordará toda la clase.

Ellos estarán allí dentro cuando trabajen.

Ellos no estarán allí dentro cuando ellos terminen.

Me graduaré como doctor el proximo año.

Yo no me graduaré como doctor el proximo año.

Él conquistará su amiga para trabajar en CentII.

Él no conquistará su amiga para trabajar en CentII.

Te llamaré cuando llegue a mi casa.

Yo no te llamaré cuando llegue a mi casa.

Ellos descansarán tan pronto como lleguen a casa.

Ellos no descansarán tan pronto como llegue a casa.

Te enseñaré como bailar cuando comas.

Yo no te enseñaré como bailar cuando comas.

(**I'll**) Esta es la forma abrebiada de '**will**' y '**shall**' usada para los pronombres personales y cosas.

I'll = I will
You'll = you will
He'll, she'll = he will, she will
It'll = it will (irol)

we'll = we shall
they'll = they will
that'll = that will (darol)

Listen and observe (Escuchar y observar)

Development 1

Will you work in the capital next week?	Yes, I will work in the capital next week.
Will she visit your mother at the hospital?	Yes, she will visit my mother at the hospital.
What will you study next year?	I will study medicine next year.
Where will they go next weekend?	They will go to the country next weekend.
What will she cook for the visitors?	She will cook rice with salad for the visitors.
When will he graduate as a dentist?	He will graduate in three years.
Will you congratulate him when he finishes?	Yes, I shall congratulate him when he finishes.
What career will she study at the university?	She will study accounting at the university.
Shall we spend our honeymoon in Hawaii?	Yes, we shall spend our honeymoon in Hawaii?
Where will you spend your honeymoon?	I will spend my honeymoon in Spain.
When will you get married?	I will get married next year in November.
When will your friend come back to Miami?	He will comeback on December 21st.
Will your friend stay for two weeks?	Yes, my friend will stay for two weeks.
When will your friend arrive to Miami?	He will arrive on April 18th.
For how long will he be here?	He will be here for two weeks.
For how long shall we be at the university?	We shall be at the university for one year.
Will you really help me when I need you?	Yes, I will help you when you need me.

Will you be there when I need you?	Yes, I shall be there when you need me.
Will you try to cure me when I am sick?	Yes, I shall try to cure you when you are sick
How many people will you visit in Detroit?	I will visit five people in Detroit.
Will you accept an invitation to a restaurant?	Yes, I will accept an invitation to a restaurant.
Will she marry me if I ask her?	No, she won't marry you if you ask her.
What language will he study when he finishes Italian?	He will study Dutch when he finishes Italian.
At what time will you call me back tomorrow?	I will call you back at 10:00 p.m.
For how long will you be in Africa as a missionary?	I'll be there as a missionary for two years.
Will she give you one thousand dollars if you ask her?	No, she won't give me one thousand dollars if I ask her.

Desarrollo 1

¿Trabajarás en la capital la proxima semana?	Sí, yo trabajaré la proxima semana.
¿Visitará ella tu madre al hospital?	Sí, ella visitará mi madre al hospital.
¿Qué tú estudiarás el proximo año?	Yo estudiaré medicina el proximo año.
¿Dónde ellos irán el proximo fin de semana?	Ellos irán al campo el proximo fin de semana.
¿Qué ella cocinará para las visitas?	Ella cocinará arroz y ensalada para las visitas.
¿Cuándo el se graduará como dentista?	Él se graduará en tres años.
¿Lo felicitará cuando él termine?	Sí, yo lo felicitaré cuando él termine.

¿Qué carrera ella estudiará en la universidad?

Ella estudiará contabilidad en la universidad.

¿Pasaremos nuestra luna de miel en Hawaii?

Sí, pasaremos nuestra luna de miel en Hawaii.

¿Cuándo te casarás?

Me casaré el proximo año en Noviembre.

¿Cuándo tu amiga regresará a Miami?

Él regresará el 21 de Diciembre.

¿Se quedará tu amiga por dos semanas?

Sí, mi amigo permaneserá por dos semanas.

¿Cuándo llegará tu amiga a Miami?

Él llegará el 18 de Abril.

¿Por qué tiempo estaremos en la universidad?

Estaremos en la universidad por un año.

¿Realmente me ayudarás cuando yo te necesite?

Sí, yo te ayudaré cuando tú me necesites.

¿Estarás allí para cuando yo te necesite?

Sí, yo estaré allí cuando tú me necesites.

¿Me curarás cuando yo esté enfermo?

Sí, yo te curaré cuando tú estés enfermo.

¿Cuantas personas visitarás en Detroit?

Yo visitaré 5 personas en Detroit.

¿Aceptarás una invitación a un restaurante?

Sí, yo aceptaré una invitación a un restaurante.

¿Se casará ella conmigo si yo se lo pido?

No, ella no se casará contigo si tú se lo pide.

¿Qué idioma él estudiará cuando termine el Italiano?

Él estudiará Holandes cuando termine Italiano.

¿Aqué hora me llamarás otra vez mañana?

Te llamaré otra vez a las 10 p.m.

¿Por qué tiempo estará en Africa como misionero?

Yo estaré allí como misionero por 2 años.

¿Te dará ella mil dolares si tú se lo pide?

No, ella no me dará mil dolares.

Translate into Spanish

Heather was very happy. This would be her first date in Washington. She decided to buy a new dress

- -

for this occasion. During her dinnertime in a food shop. She saw a dress store across the street, it had

- -

a nice blue silk dress that she liked very much.

- -

She also decided to buy a purse. But she had to stop buying because she wasn't earning

- -

enough money for what she was spending on the articles.

- -

She realized that she had spent too much money, and she had to save money for her rent.

- -

On Friday night, Johnny arrived in a white limousine at exactly 7:30 p.m. He walked up t

- -

Heather's apartment and rang the doorbell. When Heather opened the door, she could not believe her

- -

eyes. Johnny was standing in the doorway in a black tuxedo and he was holding a long stemmed red

- -

rose. Likewise Johnny was also surprised by how Heather looked in her new blue silk dress.

- -

As soon as they arrived to the restaurant, they started to talk and share information about

- -

themselves. They had not been together very long when the dinner was served. The next three hours

- -

passed quickly. They seemed to enjoy the food. Johnny expressed to Heather that he came from a rich

family, but he is used to be with common people. In the middle of the interesting conversation,

Heather looked at her watch and said "It's getting late", "I'd better go now". When they arrived, she

thanked Johnny for the lovely dinner and for the wonderful time together. Then on his way home,

Johnny was hoping to spend another evening together with Heather.

WRITE YOUR OWN HISTORY

Talking about national and language

Country	nationality	language
France	French	French
China	Chinese	Chinese
Mexico	Mexican	Spanish
Brazil	Brazilian	Portuguese
Italy	Italian	Italian
The united states	American	English
Japan	Japanese	Japanese

Colombia	Colombian	Spanish
Vietnam	Vietnamese	Vietnamese
Korea	Korean	Korean
The soviet Union	Soviet/Russian	Russian
Dominican Republic	Dominican	Spanish

Development 1

What language can you speak?

I can speak English, and Spanish.

What language can your wife speak?

She can speak Russian.

How many languages can you speak?

I can speak four languages.

What's the easiest language to speak?

English is the easiest language to speak.

¿Qué idioma puedes hablar?

Puedo hablar Inglés, y Español.

¿Qué idioma puede tu esposa hablar?

Ella puede hablar Ruso.

¿Cuantos idiomas puedes hablar?

Yo puedo hablar cuatro idiomas.

¿Cuál es el idioma más facil de hablar?

Inglés es el idioma más facil para hablarlo

Talk about your experience with American people

Hable acerca de su experiencia con Americanos

CHAPTER TWENTY
Capitulo veinte

Forward to a better future

Mr. and Mrs. Kerns were reading the newspaper in their house one afternoon. Mrs. Kerns stopped reading her newspaper and spoke to her husband, she encouraged him to read an important article which she was reading.

Mrs: Honey, I would like you to read this article on a new experiment.

Mr: Can you tell me about it please?

Mrs: Of course, it tells about some things that we could do in the future.

Mr: What else?

Mrs: It also says men can plant no matter what and they will harvest three times more than what they used to earn in just three days.

Mr: That sounds as if the farmers will be richer everyday. I wish I'd had property and could plant with that kind of magic as well.

Mrs: I wish you had too. Would you like to know what else it says?

Mr: Yes, I would like to know if we could preserve any type of food, so that we will be able to keep it at normal temperature for a long time?

Mrs: Not so fast, the scientists are still experimenting with it in Texas.

Mr: Well, I am very happy for that news. Thanks a lot my dear.

Mrs: That's all right honey.

Hacia un mejor futuro

Mr. and Mrs. Kernt estaban en su casa leyendo un artículo una tarde. Mrs. Kincaid paró de leer su periódico y habló con su esposo, ella le aconsejó que leyera un importante artículo lo cual ella estaba leyendo.

Mrs: cariño. Me gustaría que tú leyeras este artículo acerca de un nuevo experimento.

Mr: ¿Puedes decirme acerca de este por favor?

Mrs: Por supuesto. Habla acerca de algunas cosas que nosotros podríamos hacer en el futuro.

Mr: ¿Qué más?

Mrs: También dice que los hombres podrian plantar no importa que y ellos cosecharan tres veces más de loque ellos acostumbraban a ganar sólo en tres días.

Mr: Eso suena como si los granjeros serán más ricos cada día. Desearía tener propiedad, y entonces yo podría plantar esa clase de magia también.

Mrs: Desearía que tú la tenga también. ¿Te gustaría saber que más esto dice?

Mr: Sí, me gustaría saber si nosotros podríamos preservar cualquier clase de alimento, para poder mantenerlo a una temperatura normal por mucho tiempo.

Mrs: No tan rápido, los cientificos todavía estan experimentando esto en Texas.

Mr: Bien yo estoy muy feliz por esa noticia. Muchas gracias mi querida.

Mrs: Deneda cariño.

Vocabulary

to learn	aprender	or else	o ya verás
to advise	aconsejar	messenger	mensagero
article	artículo	fun	diversión
which	cuál	citizen	ciudadano
experiment	experimento	citizenship	ciudadanía
What else?	¿Qué más?	slang	vulgarismo
Who else?	¿Quién más?	flesh	carne del cuerpo
not matter what	no importa que	veal	ternera
not matter how	no importa cómo	bush	matojo
not matter where	no importa dónde	annoying	molestoso
to harvest	cosechar	banquet	banquete

to sound	sonar	dear	cariño
farmer	granjero	scientist	científico
kind of	clase de, tipo de	to keep	mantener, guardar
type of	clase de, tipo de	to preserve	preservar
sort of	clase de, tipo de	magic	mágico

Grammar

como útilizar la formas compuestas de 'some' y 'any' en Inglés nunca se útiliza dos negativo en la misma oración o pregunta

Somebody	Alguien	Anybody	alguien
Someone	Alguien	Anyone	alguien
Something	Algo	Anything	algo
Nobody	Nadie	Nothing	nada
None	Nadie	No one	nadie, ninguno

Development 1

Do you have something for me?	I don't have anything for you.
What is there in the house?	There is nothing in the house.
Who is in the school?	Nobody is in the school.
Do you want to eat anything?	No, thanks. I do not want anything to eat.
Is there anything to do?	Yes, there's something to do.
Is there anything to eat?	No, there is nothing to eat?
Is there anything to drink?	No, there isn't anything to drink.
Is there anyone at the hospital?	Yes, there is someone at the hospital.
Is there anybody in the bathroom?	Yes, there is somebody in the bathroom.
Is somebody working in the office?	No, there is no one working in the office.
Did someone call me in the afternoon?	No, no one called you in the afternoon.

Desarrollo **1**

¿Tienes algo para mí?	No, yo no tengo nada para tí.
¿Qué hay en la casa?	En la casa no hay nada.
¿Dónde queres tú ir?	No quiero ir a ningun lugar.
¿Dónde quiere usted ir?	no quiero ir a ninguna parte
¿Quién está en la escuela?	Nadie está en la escuela.
¿Quires comer algo?	No, gracias. No quiero comer nada.
¿Hay algo que hacer?	Sí, hay algo que hacer.
¿Hay algo de comer?	No, no hay nada de comer.
¿Hay algo de tomar 'beber'?	No, no hay nada de beber.
¿Hay alguien en el hospital?	Sí, hay alguien en el hospital.
¿Hay alguien en el baño?	Sí, hay alguien en el baño.
¿Hay alguien trabajando en la oficina?	No, no hay nadie trabajando en la oficina.
¿Alguien ma llamó en la tarde?	No, nadie te llamó.

Special story

Island Saona

The island of Saona is situated to the southeast of Santo Domingo. It has a length of 15 miles navigation or 22 kilometers in length and the width is 4.5 miles or 5.5 kilometers. The distance from it to Santo Domingo is about 80 miles. The way to arrive there has to be by navigation and it is very difficult because the sea isn't very deep. Only small boats can navigate there.

Close to this attractive island there is another smaller island called Catalina Island. The bottom of the sea is sandy and white. The island does not have any rivers or lakes close to it. The water in the island of Saona is salty for this reason the inhabitants have to drink rain water. in the south and east there are truly turistic jewels for its quality and beauty. Besides the beautiful seaside bordered with coconut trees, it is a place where many tourists go to rest, to drink coco, to take many pictures, and to observe the nice and unique view. Christopher Columbus discovered the island of Saona in his second trip in September 1494 and Columbus's brother Bartolome named it Saona, because it reminded him of a town of Savona near Geneva where he lived for several years.

On March 1st, 1945, the first fourteen families arrived to the island and began farming. They were taken to this island for the disposition of the dictator Rafael Leonidas Trujillo and at the end of the year 1940 they arrived to this island. The second twelve families, in this year set the first shop on the island by Estenban Font Frias. The first block house was built in 1960 by the dictator Trujillo where he took the politics as prisoners.

Nowadays, every month from 40 to 45 thousand tourists visit this beautiful island. Actually only a 1000 people live on this island and they survive by hunting birds and fishing.

Conversación story

La isla Saona

La isla Saona está situada al Sur Oeste de Santo Domingo. Tiene una distancia de 15 millas de navegación o 22 kilómetros de largo, y su parte más ancha es de 4.5 millas o 5.5 kilómetros. La distancia de está a Santo Domingo es acerca 80 millas. La forma para llegar allí tiene que ser navegando y es muy difícil porque el mar no es muy profundo. Solamente pequeños barcos pueden navegar allí. Cerca de esta atractiva isla hay otra isla más pequeña llamada la isla Catalina. El fondo del mar es arenoso y blanco. La isla tiene ni río ni lago cerca. El agua en la isla de Saona es salobre, por tal razón los habitantes tienen que beber agua lluvia. El Sur y Éste son verdaderas joyas turísticas por su gran calidad y belleza.

Además de la hermosa playa bordeada de mata de coco, este es un lugar dónde muchos turistas van a descansar, beber agua de coco, tomar muchas fotos, y observar la agradable e inigualable vista. Cristóbal Colon descubrió la isla de Saona en su segundo viaje en Septiembre 1494, y su hermano Bartolomé Colon la llamó Saona, por parecerse a una ciudad de Savona cerca de Génova dónde él vivió durante varios años. El primero de marzo del 1945, las primeras 15 familias llegaron a la isla, y comenzaron la agricultura. Ellos fueron llevados por disposición del dictador Rafael Leonidas Trujillo. Al cabo del año 1940 llegó a la isla la segunda 12 familias, en este mismo año se estableció el primer negocio allí por Estaban Front Frias. La primer fortaleza fue construida en 1960 por el dictador Trujillo, para él llevar sus presos políticos.

Hoy en día cada mes de 40 a 45 mil turistas visitan esta hermosa isla. Actualmente viven allí 1000 personas y solo sobreviven de la caza de aves y la pesca.

Vocabulary

to build	construir	to turn off	apagar
to survive	sobrevivir	to expect	experar
to hunt	cazar	to get back	recuperar
to fish	pescar	to manage	administrar
to remind	recordar	to feel	sentir
to begin	comenzar	expenses	gastos
Southeast	Sur Oeste	deficient	deficiente
wide	ancho	shore	orilla
sea	mar	prisoner	prisionero
boat	bote	dictator	dictador
bottom	fondo	blockhouse	fortaleza
sandy	arenoso	several	varios
river	río	view	vista, paisaje
lake	lago	unique	único
salty	salado	besides	además
truly	verdadero	beauty	belleza
jewel	joya	quality	calidad

GLOSSARY

English to Spanish

A	

abroad	al extranjero
academy	academia
accessible	accessible, asequible
across the road	al otro lado de la calle
after	después
again	de nuevo, otra vez
ago	hace 'para tiemp pasado'
aid	ayuda
alive	vivo
all the time	siempre
almost	casi
already	ya
also	también
always	siempre
among	entre 'más de dos'
an afternoon off	una tarde libre
angel	angel
annoying	molestoso
anyone	alguien
application	solicitud
aquarium	el acuario
article	artico
article	artículo
as well	también
as	como, cuando

assistance	asistencia
atmosphere	atmosfera
attractive	atractivo

B

backyard	patio trasero
bakery	panaderia
balcony	balcon
bankrupt	quebrado, sin fondo
banquet	banquete
bar	barra
beneficial	beneficial
beside	al lado
beyond	más allá de
bird	ave, pajaro
black	negro
boss	jefe
bowl	plato hondo
brave	baliente
bread	pan
breeze	brisa
broom	escoba
brother in law	cuñado
bush	matojo
by	por

C

cartridge	cartucho
catholic	católico
chain	cadena
charter	estatutos
cheap	barato
cheese	queso
childhood	ninez

chill..escalofrio
christian.....................................cristiano
citizen.......................................ciudadano
citizenship..................................ciudadanía
civilization..................................civilización
cliff..despeñadero
code..codigo
coffeepot....................................cafetería
colonel.......................................coronel
colony..colonia
companion...................................compañero
company......................................compañia
component...................................componente
connection...................................conexion
conscious....................................conciente
couple..pareja, par
courage.......................................coraje, valor
coward..cobarde
cracker.......................................galleta
culture..cultura
current.......................................corriente
customer.....................................cliente

D

daily life.....................................cotidiano
darkness......................................oscuridad
data..datos
date..fecha
day after day................................dia tras dia
dear..cariño
delicious.....................................delicioso
desert..desierto
dessert.......................................postre
device..dispositivo, aparato
different......................................diferente

dinnertime .... hora de cenar

direction.. diercción

dish .... plato

disk .... disco

distance... distancia

doghouse... perrera

don't worry.. no te preocupes

door bell.. timbre

dress shop.. tienda de vestido

E

each... cada

east.. este

easter... semana santa, pascuas

easy .... facil

enough .... suficiente

ever .... siempre, alguna vez

excellent .... excelente

exotic .... exótico

experience .... experiencia

experiment .... experimento

expert.. experto

external .... externo,exterior

F

fabulous .... fabuloso

fact to face... cara a cara

familiar .... familiar

farmer .... granjero

fear.. miedo

field... terreno, campo, cancha

flesh .... carne humana

flood .... desbordamiento

fluent .... fluido

food shop .... tienda de alimento
food .... alimento
fresh .... fresco
frosting.. glaseado
fun .... diversión

G

ghost .... fantasma, espiritud
gold... oro
golden .... dorado
gorgeous.. presiosa, brillante
grade fruit .... toronja
green salad .... ensalada
grill .... parrilla
ground floor... piso bajo
grownup... adulto
gun .... pistola

H

habit.. hábito
had better.. mejor seria
handback.. mochila, maleta
handsome.. elegante, guapo
have better.. mejor sería que
hesitation.. titubeos
hold on a minute .... espere un minuto
honest .... honesto
how do you do? .... como estas?
huge .... grande, gigante
hurry.. prisa

I

ill	enfermo
important	importante
in the middle of	en el medio de
in there	allí dentro
industry	industria
inhabitant	habitante
ink	tinta
input	entrada
inside	dentro
institution	intitución
interested	interesado
interesting	interesante
island	isla
it is so	es asi
it is true	es verdad

J

jewish	judío

K

keyboard	teclado
kind of	clase de, tipo de

L

lake	lago
language	idioma
lap top	laser
last week	la semana pasada
length	largo, distancia
light	luz, ligero
lighthouse	faro

likewise .... de todo modo
limousine .... mimosina
lovely.. delicioso

M

magic m160gico
may .... poder
meantime... entretanto
meanwhile.. mientras tanto
media .... medio de comunicacion
memory... memoria
message .... mensaje
messenger... mensagero
minimarket .... mini mercado
model... modelo
monitor .... monitor

N

native .... nativo
nearby .... cercano
nearly .... casi
needle... aguja
niece.. sobrina
no matter how...................................... no importa como
no matter what..................................... no importa que
no matter where .... no importa donde
no matter .... no importa
no one .... nadie
not today... hoy no
not yet.. todavía no

O

obstacle	obstáculo
of course	por supuesto
on my way home	camino a mi casa
once again	una vez más
once in a while	entretanto
opportunity	oportunidad
optical	optico
or else	o ya verás
orange	naranja, anaranjado
orphan	huerfano
otherwise	delocontrario
ought to	deber
out of order	descompuesto
out there	allí afuera
outcome	resultado
output	produccion, salida
outside	fuera
owner	propietario
ox	buy
oxen	bueyes

P

part	parte
partner card	carnet de socio
pass key	llave maestra
passing	transitorio
pavement	pavimento
peaceful	pacífico
peeler	pelador
percent	por ciento
perfect	perfecto
permanently	permanentemente
place	cerca

plane .... avión
polite... cortes
pool.. billar
pound .... libra
price... precio
private.. privado
program .... programa
proof.. prueba
pulse.. pulso, preción
purse .... pulsa

Q

quantity .... cantidad

R

RAM=random access memory .... Memoria de acceso lectura
reader .... lector
ready .... listo
reason.. razón
recovery... recobro
red.. rojo
relation.. relación
rescuer... rescatista
restful.. relajante
Rewriteable .... rescribible
right now... ahora mismo
ROM=read only memory .... Memoria de solo lectura
romantic.. romántico

S

saint .... santo
salad bowl .... ensaladera
salt shaker .... salero

sand	arena
saucer	salsa
scanner	escaner
scare	escaso
scientist	científico
seaside	playa
secret	secreto
seed	semilla
seller	vendedor
senate	senado
sensible	sensible
several	varios
shore	orilla
should	debería
sick	enfermo
side by side	lado a lado
side walk	acera
silk	seda
sinister	siniestro
sit	sentarse
skiing	esquianción
slang	vulgarismo
slowly	lentamente
so	asi que, por lo tanto, tan
soft	suave
sort of	clase de, tipo de
staff	empleado, equipo
stem	tallo
stone	piedra
storage	almacenamiento
stranger	extrano
sure	asegurar
sure	seguro
sweat	sudor
swiss	suizo

T

temple .... templo
tender .... tierno
that up to you .... allá tú, eso depende de usd
that's why .... por eso
the best .... el mejor
the most .... el mas
the worst .... el peor
thermos .... termo
this way in .... por aquí se entra
this way out .... por aquí se sale
this way .... por aquí
those people are .... esa gente son
tire .... goma, llanta
to accept .... aceptar
to access .... acceder
to accuse .... acusar a
to add .... sumar, agregar
to address .... dirigirse al hablar
to admire .... admirar
to advance .... avanzar
to advice .... aconsejar
to advise .... artículo
to annoy .... molestar
to appeal .... apelar
to appear .... aparecer
to appoint .... nombrar
to approach .... acercarse
to arrange .... arreglar
to associate .... asociar
to attend .... asistir, cuidar
to be able .... ser capaz, poder
to be fond of .... ser aficionado a
to be fond of .... ser aficionado a
to be in a hurry .... prisa

to be in love with	estar enamorado de
to become	llegar a ser
to become	llegar hacer, convertirse
to behave	comportarse
to boil	hervir
to breathe	respirar
to charge	cobrar, calgar
to close	cerrar
to come for	venir en busca
to come for	venir en busca de
to commit	cometer
to concern	concernir a
to confess	confesar
to conquer	conquistar
to consider	considerar
to continue	continuar
to cover	cubrir
to credit	acreditar
to cut off	amputar
to cut	cortar
to decline	declinar
to defeat	derrotar
to defend	defender
to define	definir
to deny	negar
to develop	desarrollar
to disappear	desaparecer
to discover	descubrir
to disturb	perturbar
to do well in	ir bien en
to doubt	dudar
to dream	soñar
to earn	aprender
to embarrass	avergonsar a
to emit	emitir
to enjoy	disfrutar

to erase	borrar
to escape	escapar
to expel	expulsar
to express	expresar
to face	enfrentar
to feel	sentir
to fill with	llenar de
to find out	aberiguar
to fit	caber
to fry	freir
to get away	alejarse
to get well	mejorarse
to go away	irse, alejarse
to go crazy	volverse loco
to go for	ir en busca de
to graduate	graduar
to graduate	graduarse
to harvest	cosechar
to have a good time	divertirse
to hear	ior
to hesitate	titubear
to hire	contratar
to image	imaginar
to import	importar
to improve	mejorar
to include	incluir
to insult	insultar
to interest	interesar
to introduce	introducir, presentar
to join	unirse
to judge	juzgar
to keep out	alejarse de
to keep	mantener, guardar
to land	aterrisar
to laugh	reir
to least	al menos

to let.. permitir

to limit .... limitar

to locate .... localizar

to lock... cerrar con llave

to long... anhelar

to make friend.. hacer amigo

to milk .... ordenar

to mind .... importar

to mingle... mesclarse, unirse

to neglect .... descuidar

to obey... obedecer

to overeat... comer demasiado

to own.. poseer

to pass .... pasar

to pay .... pagar

to peel .... pelador

to pick up... coger, recoger

to place... colocar, situar

to place... colocar, poner

to plan.. planear

to please .... complacer

to point .... apuntar

to polish .... dar brillo

to practice .... practicar

to preach .... predicar

to preserve... preservar

to process .... procesar

to profit... aprobechar

to propose .... proponer

to protect... protejer

to prove.. probar

to pull .... halar

to punish.. castigar

to push... empujar

to put away... guardar

to race .... correr, forma competencia

to raise	levanter
to receive	recivir
to recognize	reconoser
to remember	recordar
to renew	renovar
to replace	reemplazar
to reply to	contestar, responder
to reserve	reservar
to retire	retirar
to retrieve	retirar
to review	repasar
to run away	salir corriendo
to run for	correr en busca de
to save	ahorrar, salvar
to see	ver
to seem	lucir
to shake	temblar
to share	compartir
to show	presentar, mostrar
to shut off	apagar
to sit	sentarse
to ski	esquiar
to smile	sonreir
to sound	sonar
to squeal	chillar
to stand up	pararse
to sue	denunciar
to suffer	suffrir
to sweat	sudar
to take action	entrar en acción
to take advantage of	aprovecharse de
to take away	llevarse
to take care of	cuidar a
to take off	quitarse
to take out	sacar
to talk an afternoon off	tomarse una tarde libre

to tolerate	tolerar
to touch	tocar, acarisiar
to train	entrenar
to transfer	transferir
to translate into	traducir al
to try	tartar
to turn	encender
to use	usar
to visit	visitar
to wake up	despertar
to walk	caminar, pasiar
to walk	pasear, caminar
to waste	malgastar
to welcome	dar la bienvenida
to wipe	cecar frontando
to wish	desear
to worry	preocuparse
to write down	continuar escribiendo
tongue	lengua
too much	demasiado
top floor	último piso
toward	hacia, dirigirse
trade	negocio
traffic	trafico
trembling	tembloroso
type of	clase de, tipo de

U

unknown	desconocido
used to	solia, acostumbrado a
useful	util
utensils	untensilios

V

vanilla	vainilla
variety	variedad
veal	ternera
view	vista, paisaje
vip	persona muy importante

W

watch out!	cuidado!
well	poso, bien
what else?	qué más?
which	cual
white	blanco
who else?	quién más?
widely	abiertamente
wonderful	marabilloso
wondering	querer saber
world	mundo
would	ría + verbo en espanol

Y

yet	todavía

Spanish to English

	A

aberiguar	to find out
abiertamente	widely
academia	academy
acceder	to access
accessible, asequible	accessible
aceptar	to accept
acera	side walk
acercarse	to approach
aconsejar	to advice
acreditar	to credit
acusar a	to accuse
admirar	to admire
adulto	grownup
aguja	needle
ahora mismo	right now
ahorrar, salvar	to save
al extranjero	abroad
al lado	beside
al menos	to least
al otro lado de la calle	across the road
almacenamiento	storage
alejarse de	to keep out
alejarse	to get away
alguien	anyone
alimento	food
allá tú, eso depende de usd	that up to you
allí afuera	out there
allí dentro	in there
amputar	to cut off
angel	angel
anhelar	to long
apagar	to shut off

aparecer .... to appear
apelar .... to appeal
aprobechar .... to profit
aprovecharse de .... to take advantage of
apuntar .... to point
arena .... sand
argo, distancia .... length
arreglar .... to arrange
artículo .... article
artículo .... to advise
asegurar .... sure
asi que, por lo tanto, tan .... so
asistencia .... assistance
asistir, cuidar .... to attend
asociar .... to associate
aterrisar .... to land
atmósfera .... atmosphere
atractivo .... attractive
avanzar .... to advance
ave, pajaro .... bird
avergonsar a .... to embarrass
avión .... plane
ayuda .... aid

B

balcon .... balcony
baliente .... brave
banquete .... banquet
barato .... cheap
barra .... bar
barrar .... to erase
beneficial .... beneficial
billar .... pool
blanco .... white
brisa .... breeze

C

cada	each
cadena	chain
cafetería	coffeepot
caminar, pasiar	to walk
camino a mi casa	on my way home
cantidad	quantity
cara a cara	fact to face
caber	to fit
carino	dear
carne del cuerpo	flesh
carne humana	flesh
carnet de socio	partner card
cartucho	cartridge
casi	almost
casi	nearly
castigar	to punish
católico	catholic
cecar frotando	to wipe
cerca	place
cercano	nearby
cerrar con llave	to lock
cerrar	to close
chillar	to squeal
científico	scientist
ciudadanía	citizenship
ciudadano	citizen
civilización	civilization
clase de, tipo de	kind of
clase de, tipo de	sort of
clase de, tipo de	type of
cliente	customer
cobarde	coward
cobrar, calgar	to charge
código	code

coger, recoger .... to pick up

colocar, situar .... to place

colocar, poner .... to place

colonia .... colony

comer demasiado .... to overeat

cometer .... to commit

como estas?, encantado .... how do you do?

como, cuando .... as

compañero .... companion

compañía .... company

compartir .... to share

complacer .... to please

componente .... component

comportarse .... to behave

concernir a .... to concern

conciente .... conscious

conexión .... connection

confesar .... to confess

conquistar .... to conquer

considerar .... to consider

contestar, responder .... to reply to

continuar escribiendo .... to write down

continuar .... to continue

contratar .... to hire

coraje, valor .... courage

correr en busca de .... to run for

correr, forma competencia .... to race

coronel .... colonel

cortar .... to cut

cortes .... polite

cosechar .... to harvest

cotidiano .... daily life

cristiano .... christian

cual .... which

cubrir .... to cover

cuidado! .... watch out!

cuidar a	to take care of
cultura	culture
cuñado	brother in law

D

dar brillo	to polish
dar la bienvenida	to welcome
datos	data
de nuevo, otra vez	again
de todo modo	likewise
deber	ought to
debería	should
declinar	to decline
defender	to defend
definir	to define
delicioso	delicious
delicioso	lovely
delocontrario	otherwise
demasiado	too much
dentro	inside
denunciar	to sue
derrotar	to defeat
desaparecer	to disappear
desarrollar	to develop
desbordamiento	flood
descompuesto	out of order
desconocido	unknown
descubrir	to discover
descuidar	to neglect
desear	to wish
desierto	desert
despeñadero	cliff
despertar	to wake up
después	after
día tras día	day after day

diercción .... direction

diferente .... different

dirigirse al hablar .... to address

disco .... disk

disfrutar .... to enjoy

dispositivo, aparato .... device

distancia .... distance

diversión .... fun

divertirse .... to have a good time

dorado .... golden

dudar .... to doubt

E

el acuario .... aquarium

el más .... the most

el mejor .... the best

el peor .... the worst

electrotecnia corriente .... current

elegante, guapo .... handsome

emitir .... to emit

empleado, equipo .... staff

empujar .... to push

en el medio de .... in the middle of

encender .... to turn

enfermo ill

enfermo .... sick

enfrentar .... to face

ensalada .... green salad

ensaladera .... salad bowl

entrada .... input

entrar en acción .... to take action

entre 'más de dos' .... among

entrenar .... to train

entretanto .... meantime

entretanto .... once in a while

es asi.. it is so
es verdad .... it is true
esa gente son... those people are
escalofrio.. chill
escaner .... scanner
escapar .... to escape
escaso.. scare
escoba .... broom
espere un minuto...................................... hold on a minute
esquiancion .... skiing
esquiar... to ski
estar enamorado de .... to be in love with
estatutos, constitución .... charter
este.. east
excelente.. excellent
exótico .... exotic
experiencia .... experience
experimento .... experiment
experto... expert
expresar.. to express
expulsar.. to expel
externo,exterior .... external
extraño... stranger

F

fabuloso.. fabulous
facil .... easy
familiar .... familiar
fantasma, espiritud .... ghost
faro .... lighthouse
fecha .... date
fluido .... fluent
freir .... to fry
fresco... fresh

G

galleta .... cracker
ganar.. to earn
glaseado .... frosting
goma, llanta .... tire
graduar.. to graduate
graduarse.. to graduate
grande, gigante....................................... huge
grande, gigante....................................... hurry
granjero.. farmer
guardar .... to put away

H

habitante .... inhabitant
hábito... habit
hace 'para tiempo pasado'......................... ago
hacer amigo... to make friend
hacia, dirigirse.. toward
halar.. to pull
hervir .... to boil
honesto... honest
hora de cenar.. dinnertime
hoy no .... not today
huérfano... orphan

I

idioma... language
imaginar.. to image
importante .... important
importar.. to import
importar.. to mind
incluir .... to include
industria... industry

insultar... to insult

interesado... interested

interesante.. interesting

interesar .... to interest

intitución .... institution

introducir, presentar............................... to introduce

ir bien en.. to do well in

ir en busca de .... to go for

irse, alejarse.. to go away

isla.. island

J

jefe .... boss

judío... jewish

juzgar .... to judge

L

la semana pasada .... last week

lado a lado.. side by side

lago .... lake

laser.. lap top

lector.. reader

lengua .... tongue

lentamente.. slowly

levanter, resucitar.................................... to raise

libra.. pound

limitar .... to limit

listo .... ready

llave maestra... pass key

llegar a ser .... to become

llegar hacer, convertirse .... to become

llenar de .... to fill with

llevarse .... to take away

localizar... to locate

lucir.. to seem
luz, ligero .... light

M

mágico .... magic
mejor sería que .... have better
malgastar .... to waste
mantener, guardar.................................. to keep
marabilloso .... wonderful
más allá de .... beyond
matojo.. bush
medio de comunicación........................... media
mejor sería.. had better
mejorar... to improve
mejorarse.. to get well
Memoria de acceso lectura .... Ram=random access memory
Memoria de solo lectura .... ROM=read only memory
memoria.. memory
mensagero .... messenger
mensaje .... message
mesclarse, unirse .... to mingle
miedo... fear
mientras tanto .... meanwhile
mini mercado.. minimarket
mimosina .... limousine
mochila, maleta...................................... handback
modelo .... model
molestar .... to annoy
molestoso .... annoying
monitor.. monitor
mundo .... world

N

nadie	no one
naranja, anaranjado	orange
nativo	native
negar	to deny
negocio	trade
negro	black
ninez	childhood
no importa como	no matter how
no importa donde	no matter where
no importa que	no matter what
no importa	no matter
no te preocupes	don't worry
nombrar	to appoint

O

o ya verás	or else
obedecer	to obey
obstáculo	obstacle
oir	hear
oportunidad	opportunity
optico	optical
ordeñar	to milk
orilla	shore
oro	gold
oscuridad	darkness
buey	ox
bueyes	oxen

P

pacifico	peaceful
pagar	to pay
pan	bread

panadería .... bakery

pararse .... to stand up

pareja, par .... couple

parrilla .... grill

parte .... part

pasar .... to pass

pasear, caminar .... to walk

patio trasero .... backyard

pavimento .... pavement

pelador .... peeler

pelador .... to peel

perfecto .... perfect

permanentemente .... permanently

permiter .... to let

perrera .... doghouse

persona muy importante .... vip

perturbar .... to disturb

piedra .... stone

piso bajo .... ground floor

pistola .... gun

planear .... to plan

plato hondo .... bowl

plato .... dish

playa .... seaside

poder .... may

por aquí se entra .... this way in

por aquí se sale .... this way out

por aquí .... this way

por ciento .... percent

por eso .... that's why

por supuesto .... of course

por .... by

poseer .... to own

poso, bien .... well

postre .... dessert

practicar .... to practice

precio .... price
predicar... to preach
preocuparse .... to worry
presentar, mostrar................................... to show
preservar.. to preserve
presiosa, brillante.................................... gorgeous
prisa .... to be in a hurry
privado.. private
probar .... to prove
procesar... to process
producción, salida .... output
producción, salida .... outside
programa.. program
propietario... owner
proponer.. to propose
protejer.. to protect
pueba .... proof
pulsa .... purse
pulso, preción.. pulse

Q

que más?... what else?
quebrado, sin fondo................................ bankrupt
querer saber .... wondering
queso... cheese
quién mas? .... who else?
quitarse .... to take off

R

razón... reason
recivir... to receive
reconoser... to recognize
recordar... to remember
recuperar... recovery

reemplazar... to replace

reir .... to laugh

relación .... relation

relajante.. restful

renovar... to renew

reparsar .... to review

rescatista.. rescuer

rescribible.. rewriteable

reservar.. to reserve

respirar.. to breathe

resultado .... outcome

retirar.. to retire

retirar.. to retrieve

ría + verbo en espanol............................. would

rojo .... red

romántico.. romantic

S

sacar.. to take out

salero... salt shaker

salir corriendo .... to run away

salsa... saucer

santo .... saint

secreto .... secret

seda... silk

seguro .... sure

semana santa, pascuas .... easter

semilla.. seed

senado.. senate

sensible... sensible

sentarse .... to sit

sentir... to feel

ser aficionado a....................................... to be fond of

ser capaz, poder...................................... to be able servir .... to serve

siempre... all the time

siempre... always

siempre, alguna vez .... ever

siniestro.. sinister

sobrina .... niece

solia, acostumbrado a .... used to

solicitud .... application

soñar .... to dream

sonar .... to sound

sonreir... to smile

suave .... soft

sudar .... to sweat

sudor .... sweat

suffrir... to suffer

suficiente... enough

suizo... swiss

sumar, agregar... to add

T

tallo... stem

también.. also

también.. as well

tartar.. to try

teclado.. keyboard

temblar.. to shake

tembloroso .... trembling

templo.. temple

termo .... thermos

ternera.. veal

terreno, campo, cancha .... field

tienda de alimento................................... food shop

tienda de vestido...................................... dress shop

tierno .... tender

timbre	door bell
tinta	ink
titubear	to hesitate
titubeos	hesitation
tocar, acarisiar	to touch
todavía no	not yet
todavía	yet
tolerar	to tolerate
tomarse una tarde libre	to talk an afternoon off
toronja	grade fruit
traducir al	to translate into
trafico	traffic
transferir	to transfer
transitorio	passing

U

último piso	top floor
una tarde libre	an afternoon off
una vez más	once again
unirse	to join
untensilios	utensils
usar	to use
util	useful

V

vainilla	vanilla
variedad	variety
varios	several
vendedor	seller
venir en busca de	to come for
ver	to see
visitar	to visit
vista, paisaje	view

vivo .... alive
volverse loco .... to go crazy
vulgarismo .... slang

Y

ya .... already

Printed in the United States
By Bookmasters